社会福祉法人の
消費税実務と
申告書の書き方

辻・本郷税理士法人 編著

清文社

はしがき

　我が国の消費税は、昭和63年12月に自民党竹下内閣で創設され、平成元年4月から実施されました。3％でスタートした消費税も、平成9年4月から5％（地方消費税1％含む）になり、平成26年4月からは8％（地方消費税1.7％含む）となりました。我が国で消費税が導入されてから早いもので四半世紀が経ちました。その間に、税率以外にも納税義務者の範囲の見直し、簡易課税の見直し、限界控除制度の廃止、中間申告の回数の見直し、総額表示の義務付けなど様々な改正が行われています。税率についても、平成27年10月には10％（地方消費税2.2％含む）の導入が予定されています。

　また、消費税は最終消費者である個人が負担するものとされますが、消費税率が引き上げられても価格に転嫁できない中小企業が多いことも事実であり、消費税が個人のみならず法人にも大きな影響を与えていることは否定できません。

　ところで、社会福祉法人も消費税の対象となる取引を行えば国に消費税を納める必要が生じます。社会福祉法人の活動は、一般の営利法人とは大きく異なりますが、消費税の課税対象となる範囲は、営利法人と変わりません。しかし、営利法人とは、収入面で大きく異なる点もあり、これが消費税の計算面にも影響を与えています（課税売上げ、非課税売上げの区別や特定収入に関わる調整計算です）。

　そこで、本書では、全体を大きく3つに分け、第1章では消費税の総論的な内容、第2章では社会福祉法人に特有の論点、そして第3章では申告書の記載方法について解説しています。

　社会福祉法人については、現在、会計制度の見直しの期間中でもあります。本書が、社会福祉法人の消費税実務に携わる方々にとって少しでもお役に立てば幸いに思います。

平成26年10月

著者一同

目次

第1章 消費税の基礎知識

第1節 消費税とは …………………………………………………………… 2
　1　消費税の性格　2
　2　消費税の位置づけ　3

第2節 課税対象 …………………………………………………………… 5
　1　概　要　5
　2　国内取引　5
　3　輸入取引　7
　4　内外判定　8

第3節 非課税 ……………………………………………………………… 12
　1　国内取引　12
　2　輸入取引　15

第4節 輸出免税等 ………………………………………………………… 18
　1　輸出取引等　18
　2　輸出証明等　21

第5節 納税義務者 ………………………………………………………… 24
　1　国内取引　24
　2　納税義務の免除　24
　3　新設法人の特例　32
　4　特定新規設立法人の特例　32
　5　課税事業者の選択　34
　6　輸入取引　35

第6節 課税標準と税率 …………………………………………………… 36
　1　国内取引の課税標準　36

2　輸入取引の課税標準　38
　　3　税　率　39

第7節　仕入税額控除 ……………………………………………………………40
　　1　仕入税額控除の体系　40
　　2　全額控除方式　41
　　3　個別対応方式　42
　　4　一括比例配分方式　48
　　5　仕入れに係る対価の返還等　49
　　6　輸入に係る仕入税額控除　50
　　7　帳簿及び請求書等の保存　50
　　8　簡易課税制度　52
　　9　売上げに係る対価の返還等をした場合の消費税額の控除　56
　　10　貸倒れに係る消費税額の控除　58
　　11　調整対象固定資産に係る調整　59
　　12　棚卸資産に係る調整　64

第8節　課税期間、申告・納付、納税地 ………………………………………66
　　1　課税期間　66
　　2　申告・納付　68
　　3　納税地　70

第9節　経理処理 …………………………………………………………………71
　　1　税込経理方式と税抜経理方式　71
　　2　控除対象外消費税　72

第10節　地方消費税 ………………………………………………………………74
　　1　概　要　74
　　2　申告・納付　74

第2章　社会福祉法人のための消費税実務のポイント

第1節　社会福祉法人の概要 ……………………………………………………76
　　1　社会福祉法人とは　76
　　2　社会福祉事業の概要　76

3　社会福祉法人の会計基準について　80

第2節　社会福祉法人に対する消費税の考え方 …………………………………83
　　1　消費税計算の概要　83
　　2　非課税の範囲　84

第3節　高齢者福祉事業者の課税・非課税取引 …………………………………93
　　1　利用者負担金の課税・非課税　93
　　2　消費税が課税となる介護サービス等　93
　　3　身体障害者用物品の販売等　102
　　4　有料老人ホームにおける消費税の取扱い　111
　　5　介護サービス、社会福祉事業の委託に係る取扱い　113
　　消費税課否判定（例）【介護編】　120

第4節　障害者福祉事業者の課税・非課税取引 …………………………………129
　　1　障害福祉サービスの概要　129
　　2　介護給付費、支援給付費の非課税範囲　131
　　3　利用者負担金の課税・非課税　132
　　4　就労支援施設等で製造販売する商品等　132
　　消費税課否判定（例）【障害福祉編】　133

第5節　児童福祉事業（保育事業）の課税・非課税取引 ………………………136
　　1　児童福祉事業（保育事業）の概要　136
　　2　消費税の取扱い　137
　　消費税課否判定（例）【児童福祉事業（保育事業）編】　138

第6節　その他の収入の課税・非課税判定 ………………………………………140
　　1　補助金、助成金等　140
　　2　寄附金、祝金等　140
　　3　会費、組合費等　140
　　4　法人内部取引　141

第7節　簡易課税制度 ………………………………………………………………142

第8節　社会福祉法人と一般営利法人の消費税計算の相違点（特定収入） ……… 144
　　1　特定収入　144
　　2　社会福祉法人の仕入控除税額の計算の特例　145
　　3　特定収入に係る課税仕入れ等の税額の計算方法　149
　　4　仕入控除税額計算の流れ　151

第3章　設例による消費税申告書の書き方

消費税申告書作成までの流れ …………………………………………………… 154

ケース1　原則課税（個別対応方式） …………………………………………… 155

ケース2　原則課税（一括比例配分方式） ……………………………………… 165

ケース3　原則課税（個別対応方式・特定収入割合5％超） ………………… 175

ケース4　簡易課税 ………………………………………………………………… 185

（参考）消費税率引上げに伴う主な経過措置の概要 …………………………… 196

（注）本書の内容は、平成26年10月1日現在の法令によります。

ブックデザイン：東　雅之

第1章

消費税の基礎知識

第1節　消費税とは
第2節　課税対象
第3節　非課税
第4節　輸出免税等
第5節　納税義務者
第6節　課税標準と税率
第7節　仕入税額控除
第8節　課税期間、申告・納付、納税地
第9節　経理処理
第10節　地方消費税

第1節　消費税とは

1　消費税の性格

　昭和63年に創設され、平成元年から施行されている消費税には、次のような性格があります。

①　消費一般に広く負担を求める

　消費税は、文字どおり、物品やサービスの消費に対して、広く、負担を求めるものです。後述するように、消費税がかからない非課税取引を除き、国内における物品の販売や、サービスの提供などに対して消費税が課せられます。

②　生産、流通、販売などの各段階で課税する

　消費税は、生産、流通、販売の各段階で物品の販売やサービスの提供などを行う事業者の売上げに対して課税を行います。

③　税の累積を排除する

　上記②より各段階で税が二重、三重に課されないよう、前段階で仕入れ等に課される消費税を控除する仕組みを採用しています（前段階税額控除方式）。

④　消費者への転嫁を予定する

　上記①に記載した消費税の性格より、消費税は物品やサービスの価格に織り込まれ、最終的には、消費者が負担することが予定されています。

（参考）

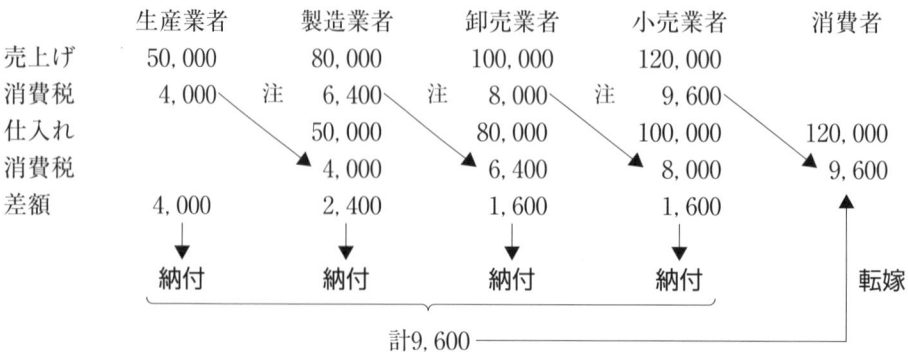

注：前段階税額控除

(**参考**) 税制改革法（抜粋）

> 第10条　（略）…消費に広く薄く負担を求める消費税を創設する。
> 2　消費税は、事業者による商品の販売、役務の提供等の各段階において課税し、経済に対する中立性を確保するため、課税の累積を排除する方式によるものとし…（略）
>
> 第11条　事業者は、消費に広く薄く負担を求めるという消費税の性格にかんがみ、消費税を円滑かつ適正に転嫁するものとする。（略）

(注) 税制改革法とは、消費税創設の際に議論された税制の抜本的な改革の趣旨、基本理念、方針などを明らかにする法律で、消費税の基本的な性格が謳われています。

2　消費税の位置づけ

租税は様々な観点から捉えることができますが、消費税についてみると以下のとおりになります。

①　国税と地方税

誰が課税するかという課税主体による分類で、国が課するものを国税、地方公共団体が課するものを地方税といいます。

国税には、所得税、法人税、相続税などが、地方税には、住民税、事業税、固定資産税などがあります。

消費税は、国が課する税金なので国税に該当します。地方消費税は、地方税に該当します。

②　直接税と間接税

税金を納める者とその税金を実質的に負担する者が同一であることを予定して立法されたものを直接税、税金を納める者とその税金を実質的に負担する者が異なることを予定して立法されたものを間接税といいます。

直接税には、所得税、法人税、固定資産税などが、間接税には、酒税、たばこ税、印紙税などがあります。

消費税は、既に見たとおり間接税に該当します。

③　普通税と目的税

一般の経費に充てるために課せられるものを普通税、特定の経費に充てるために課せられるものを目的税といいます。

電源開発促進税、自動車取得税、軽油引取税、都市計画税などが目的税に該当します。

消費税は、立法当初より普通税として位置付けられてきましたが、消費税の使途を年金、医療、介護の社会保障などに要する経費に充てることが明確化され、平成26年4月1日以降、目的税に該当します。

国　税	課税主体＝国
地方税	課税主体＝地方公共団体

直接税	納税義務者＝税負担者
間接税	納税義務者≠税負担者

普通税	目的＝一般の経費に充てる
目的税	目的＝特定の経費に充てる

第2節　課税対象

1　概要

消費税における課税の対象は国内取引と輸入取引の2種類あります。
　国内取引…国内において事業者が行う資産の譲渡等に対して消費税が課せられます。
　輸入取引…保税地域から引き取られる外国貨物に対して消費税が課せられます。

2　国内取引

　国内取引とは、国内において事業者が行う資産の譲渡等をいいます。資産の譲渡等とは、事業として対価を得て行われる資産の譲渡、資産の貸付け及び役務の提供をいいます。具体的には、次の全ての要件を満たす場合、国内取引として消費税が課せられます。したがって、次のいずれか一つでも要件を満たさない場合は、消費税の課税の対象とはなりません。消費税の課税の対象とならない取引のことを、課税対象外取引（又は不課税取引）といいます。

①　国内において行われる取引であること

　消費税は、国内における物品の販売やサービスの提供に対して課せられます。これを消費地課税主義といいます。したがって、国外における取引は消費税の課税の対象とはなりません。

　　　国内において行われる取引…要件を満たす
　　　国外において行われる取引…要件を満たさない

②　事業者が事業として行う取引であること

　事業者が事業として行う取引に対して消費税が課せられます。「事業者」とは、個人事業者及び法人をいいます。「事業として」とは、同種の行為を反復、継続、独立して行うことをいい、規模の大小は問いません。
　法人についてはその法人自体が事業を行う目的で設立されていることから、法人が行う取引は、全て事業として行う取引となります。これに対して、個人については、事業を行う個人事業者が事業として行う取引が消費税の課税の対象となります。したがって、事業を行わない個人（消費者）が行う取引や、個人事業者が行う取引であっても、消費者としての立場で行う取引（生活用資産の譲渡など）は消費税の課税の対象とはなりません。

```
事業者 ┌ 個人事業者
      └ 法人
```

事業として ……… 同種の行為を反復、継続、独立して行うこと

```
┌ 法人の行う取引 … 要件を満たす（全て事業として行う）
│ 個人の行う取引
│      ↓
│   ┌ 個人事業者が行う取引 ┌ 消費者として行う場合 … 要件を満たさない
│   │                     └ 事業者として行う場合 … 要件を満たす
│   └ 個人事業者以外の者が行う取引 ……………… 要件を満たさない
```

③ 対価を得て行う取引であること

　消費税は、対価を得て行われる取引、すなわち有償取引に対して課せられます。贈与、寄附などの無償取引については、原則として、消費税の課税の対象とはなりません。
　ただし、無償取引であっても、個人事業者が棚卸資産又は棚卸資産以外の資産で事業の用に供しているものを家事のために消費し、又は使用した場合、法人が資産をその役員に対して贈与した場合については、例外的に、消費税が課せられます。

```
┌ 有償取引…売買、交換など    要件を満たす
└ 無償取引…贈与、寄附など    要件を満たさない（例外あり）
```

④ 資産の譲渡、資産の貸付け、役務の提供のいずれかであること

　消費税の対象となる取引は、資産の譲渡、資産の貸付け、役務の提供のいずれかになります。資産とは、取引の対象となる一切の資産をいい、棚卸資産や固定資産のような有形資産のほか、権利その他の無形資産も含まれます。資産の譲渡とは、資産につきその同一性を保持しつつ、他人に移転させることをいいます。
　資産の貸付けには、資産に係る権利の設定その他、他の者に資産を使用させる一切の行為が含まれます。資産に係る権利の設定とは、例えば、土地に係る地上権や地役権の設定、特許権や商標権等の工業所有権等に係る実施権又は使用権の設定、著作物に係る出版権の設定などをいいます。また、資産を使用させる一切の行為とは、例えば、工業所有権等の使用や提供、著作物の複製、上演などをいいます。

役務の提供とは、例えば、土木工事、修繕、運送、保管、印刷、広告、仲介などのサービスを提供することをいいます。

- **資産の譲渡** … 資産の同一性を保持しながら他人に移転すること
- **資産の貸付け** … 資産を他人に貸付け又は利用させること
- **役務の提供** … サービスを提供すること

まとめ

● 国内取引（国内において事業者が行う資産の譲渡等）とは

1. 国内において行われる取引であること
2. 事業者が事業として行う取引であること
3. 対価を得て行う取引であること
4. 資産の譲渡、資産の貸付け又は役務の提供であること

（注）「資産の譲渡」と「資産の譲渡等」

　消費税で、「資産の譲渡等」とは、既に見たとおり、「事業として対価を得て行われる資産の譲渡、資産の貸付け及び役務の提供」をいいます。「資産の譲渡」は、文字どおりの意味で、資産をその同一性を保持しつつ、他者に移転することをいいます。「資産の譲渡等」という表現は、消費税ではこのような意味が付与されている特殊な表現です。このように「等」がつくか否かで、まったく意味が異なりますので、注意が必要です。

3　輸入取引

　保税地域から外国貨物を引き取る場合、輸入取引として消費税が課せられます。保税とは関税の徴収が留保されている状態をいい、保税地域とは、保税状態にある貨物を搬入することが認められた地域をいいます。貨物を税関の監督下に置く必要から設けられた場所であり、通関秩序の維持と関税等徴収の確保を図る目的があります。保税地域には、指定保税地域、保税蔵置場、保税工場、保税展示場、総合保税地域の5種類あります。保税地域では、外国貨物の積卸し、運搬、蔵置、加工、製造、展示などを行うことができます。

　外国貨物とは、輸出の許可を受けた貨物及び外国から本邦に到着した貨物（外国の船舶により公海で採捕された水産物を含む）で輸入が許可される前のものをいいます。

　国内取引とは異なり、輸入取引の場合、事業者だけに限らず、個人（消費者）が輸入する場合も課されます。また、事業として対価を得て行われるものに限られないため、保税

地域から引き取られる外国貨物に係る対価が無償の場合、又は保税地域からの外国貨物の引取りが事業として行われるものでない場合のいずれについても課税の対象となります。

まとめ

● 輸入取引とは

保税地域から外国貨物を引き取ること

4 内外判定

消費税が課される国内取引の要件の一つに「国内において行われる取引であること」があります。したがって、その取引が国内で行われるものか、それとも国外で行われるものかを適切に判断する必要があります。そこで、取引の内容に応じ、その判断基準が決められています。

(1) 原則
① 資産の譲渡又は貸付けである場合
・資産の譲渡又は貸付けが行われる時においてその資産が所在していた場所

資産の譲渡については、その譲渡時におけるその資産が所在していた場所で判定しますので、例えば、国内の事業者が国内の他の事業者に対し、対価を得て国外に所在するものとされる資産の譲渡又は貸付けをした場合には、その譲渡又は貸付けは国外において行われたこととなり、消費税の課税の対象とはなりません。

賃貸借に関する契約において貸付けに係る資産（特許権等の無形資産を除く）の使用場所が特定されている場合で、その契約に係る当事者間の合意に基づき、その資産の使用場所を変更した場合には、変更後のその資産の使用場所が国内にあるかどうかによりその資産の貸付けが国内において行われたかどうかを改めて判定することになります。

資産の貸付けは、資産の譲渡とは異なり、貸付けという行為が継続する性質のものであることから、貸付けの目的物の使用場所が移動することもあります。賃貸借契約においてその使用場所が特定されている資産の貸付けについて、賃貸人と賃借人が合意の下、貸付けの目的物の使用場所を変更した場合には、その合意により新たな賃貸借契約が交わされたと考えることができるため、その場合には、変更後の使用場所により判定することになります。

なお、賃貸借契約において、その目的物の使用場所が特定されていないものについては、もともと使用場所の変更という考え方になじまないことから、貸付け当初におけるその目

的物の所在場所によって、貸付期間中の課税関係を決定することになります。

② 役務の提供である場合
　・役務の提供が行われた場所

(2) 特　例
① 資産の譲渡又は貸付けである場合
　ア　船舶（登録（外国の登録を含む）を受けたものに限る）
　　・船舶の登録をした機関の所在地
　　・同一の船舶について2以上の国において登録をしている場合には、いずれかの機関の所在地
　　・居住者が行う日本船舶（国内において登録を受けた船舶）以外の船舶の貸付け及び非居住者が行う日本船舶の譲渡又は貸付けにあっては、その譲渡又は貸付けを行う者の住所又は本店若しくは主たる事務所の所在地（住所地）
　イ　アに掲げる船舶以外の船舶
　　・その譲渡又は貸付けを行う者のその譲渡又は貸付けに係る事務所、事業所その他これらに準ずるもの（事務所等）の所在地
　ウ　航空機
　　・航空機の登録をした機関の所在地
　　・登録を受けていない航空機にあっては、その譲渡又は貸付けを行う者の譲渡又は貸付けに係る事務所等の所在地
　エ　鉱業権若しくは租鉱権又は採石権その他土石を採掘し、若しくは採取する権利（採石権等）
　　・鉱業権に係る鉱区若しくは租鉱権に係る租鉱区又は採石権等に係る採石場の所在地
　オ　特許権、実用新案権、意匠権、商標権、回路配置利用権又は育成者権（これらの権利を利用する権利を含む）
　　・これらの権利の登録をした機関の所在地
　　・同一の権利について2以上の国において登録をしている場合には、これらの権利の譲渡又は貸付けを行う者の住所地
　カ　公共施設等運営権
　　・公共施設等の所在地
　キ　著作権（出版権及び著作隣接権その他これに準ずる権利を含む）又は特別の技術による生産方式及びこれに準ずるもの（著作権等）
　　・著作権等の譲渡又は貸付けを行う者の住所地

ク　営業権又は漁業権若しくは入漁権
　　・これらの権利に係る事業を行う者の住所地
ケ　次のaからeまでに掲げる資産
　　a　有価証券（ゴルフ場利用株式等を除く）
　　　・有価証券が所在していた場所
　　b　登録国債
　　　・登録国債の登録をした機関の所在地
　　c　合名会社、合資会社又は合同会社の社員の持分、協同組合等の組合員又は会員の持分その他法人の出資者の持分
　　　・持分に係る法人の本店又は主たる事務所の所在地
　　d　金銭債権（eに掲げる金銭債権を除く）
　　　・金銭債権に係る債権者の譲渡に係る事務所等の所在地
　　e　ゴルフ場利用株式等又は金銭債権
　　　・ゴルフ場その他の施設の所在地
コ　上記に掲げる資産以外の資産でその所在していた場所が明らかでないもの
　　・その資産の譲渡又は貸付けを行う者のその譲渡又は貸付けに係る事務所等の所在地

② 役務の提供である場合
ア　国内及び国外にわたって行われる旅客又は貨物の輸送
　　・旅客又は貨物の出発地若しくは発送地又は到着地
イ　国内及び国外にわたって行われる通信
　　・発信地又は受信地
ウ　国内及び国外にわたって行われる郵便又は信書便
　　・差出地又は配達地
エ　保　険
　　・保険に係る事業を営む者の保険契約の締結に係る事務所等の所在地
オ　情報の提供又は設計
　　・情報の提供又は設計を行う者の情報の提供又は設計に係る事務所等の所在地
カ　専門的な科学技術に関する知識を必要とする調査、企画、立案、助言、監督又は検査に係る役務の提供で次に掲げるもの（生産設備等）の建設又は製造に必要な資材の大部分が調達される場所
　　a　建物（その附属設備を含む）又は構築物（bに掲げるものを除く）
　　b　鉱工業生産施設、発電及び送電施設、鉄道、道路、港湾設備その他の運輸施設又は漁業生産施設
　　c　a又はbに掲げるものに準ずるもの

キ　上記に掲げる役務の提供以外のもので国内及び国外にわたって行われる役務の提供その他の役務の提供が行われた場所が明らかでないもの
　　・役務の提供を行う者の役務の提供に係る事務所等の所在地

③　金融取引である場合

　次に掲げる貸付け又は行為については、その貸付け又は行為を行う者のその貸付け又は行為に係る事務所等の所在地が国内にあるかどうかにより行います。
　ア　利子を対価とする金銭の貸付け
　イ　預金又は貯金の預入（譲渡性預金証書に係るものを含む）
　ウ　収益の分配金を対象とする信託
　エ　給付補塡金を対価とする掛金の払込み
　オ　無尽に係る契約に基づく掛金の払込み
　カ　利息を対価とする抵当証券の取得
　キ　償還差益を対価とする国債等又は約束手形の取得
　ク　手形（約束手形を除く）の割引
　ケ　金銭債権の譲受けその他の承継（包括承継を除く）

第3節　非課税

1　国内取引

　第2節2で説明したとおり、国内取引については、4要件（①国内において行われる取引であること、②事業者が事業として行う取引であること、③対価を得て行う取引であること、④資産の譲渡、資産の貸付け、役務の提供のいずれかであること）を満たせば、消費税が課されることになります。

　しかし、消費税の課税の対象となる取引の中には、消費に負担を求める消費税の性格上課税することになじまないものや、社会政策的に消費税を課すことが適当でないものがあるため、このような取引については消費税が非課税とされています。このように非課税とされる取引は、本来、課税すべきものであるところ、上記の理由により例外的に、課税しない取引ですから、法律で非課税と定められている取引に限られます（限定列挙）。

(1)　課税することになじまないもの
①　土地の譲渡及び貸付け
　例：土地の譲渡、土地の貸付けなど

　土地の譲渡及び貸付けは非課税になります。土地には、地上権、土地の賃借権など土地の使用収益に関する権利が含まれます。地上権や土地の賃借権の設定に伴い授受される更新料や名義書換料も、非課税の対象となります。

　ただし、土地の貸付けに係る期間が1月に満たない場合には、非課税にはなりません。この場合の土地の貸付期間は、その土地の貸付けに係る契約において定められた貸付期間により判定します。

　また、駐車場その他の施設の利用に伴って土地が使用される場合も、非課税にはなりません。これは、建物、プール、テニスコートなどの施設の利用が土地の使用を伴うことになるとしても、その土地の使用は、土地の貸付けには含まれないということです。

②　有価証券等及び支払手段の譲渡
　例：株式の譲渡、貸付金の譲渡など

　国債、地方債、社債、株式などの有価証券の譲渡は非課税になります。ただし、ゴルフ会員権の譲渡については、株式・出資の形態、預託の形態のいずれも非課税とはなりません。また、貸付金、預金、売掛金その他の金銭債権の譲渡は、有価証券に類するものの譲渡として非課税となります。

　銀行券、硬貨、小切手、手形などの支払手段の譲渡も非課税となります。ただし、収集

品や販売用のものは、非課税とはなりません。コイン店等でプレミアム付きの記念通貨等を譲渡する場合は課税となります。

③ 利子、保険料等
例：利子を対価とする金銭の貸付け、預金の預入など

利子を対価とする金銭の貸付けや保険料を対価とする役務の提供は非課税になります。前者は利子が、後者は保険料がそれぞれ非課税となります。預金又は貯金の預入、収益の分配金を対価とする集団投資信託、償還差益を対価とする国債等の取得、手形の割引、金銭債権の買取も、それぞれ利子、収益分配金、償還差益、割引料、買取差益が非課税となります。

なお、売上割引及び仕入割引については、それぞれ売上げに係る対価の返還、仕入れに係る対価の返還として取り扱います。

④ 郵便切手類等及び物品切手等の譲渡
例：郵便局での切手の譲渡、商品券の譲渡など

郵便局での郵便切手類（郵便切手、郵便葉書、郵便書簡）の譲渡、印紙売りさばき所での印紙の譲渡、地方公共団体での証紙の譲渡はそれぞれ非課税になります。譲渡される場所が限定されているため、例えば、コイン店等で譲渡した場合には課税となります。

物品切手等の譲渡も非課税とされます。物品切手等とは、商品券その他名称のいかんを問わず、物品の給付請求権を表彰する証書、役務の提供又は物品の貸付けに係る請求権を表彰する証書等をいいます。次のいずれにも該当する場合は、物品切手等に該当します。

　ア　その証書と引き換えに一定の物品の給付、貸付け又は特定の役務（給付等）の提供を約するものであること
　イ　給付等を受けようとする者がその証書等と引き換えに給付等を受けたことによって、その対価の全部又は一部の支払債務を負担しないものであること

具体的には、商品券、ビール券、図書券、映画・演劇等の入場券、旅行券などが物品切手等に該当します。なお、物品切手等を発行し、交付した場合において、その交付に係る相手先から収受する金品は、資産の譲渡等の対価に該当しません。

⑤ 国等の手数料、外国為替業務
例：住民票、戸籍謄本等の手数料など

国や地方公共団体などが行う一定の役務の提供は非課税になります。具体的には、ア「法令に基づき行う登記、登録、特許、免許、許可、認可などの事務に係る役務の提供で、その手数料等の徴収が法令に基づくもの」、イ「法令に基づいて行われる登録、認定、確認、指定、検査、検定などの事務に係る役務の提供で、法令に手数料等の徴収の根拠となる規

定がないもののうち証明や公文書の交付等一定のもの」、などの行政サービスに係る手数料等が該当します。

　法令にその事務が定められていない手数料等は課税となります。また、法令にその事務が定められている手数料等でも法令にその徴収の根拠となる規定がないものは、原則として、課税となります。

　外国為替業務に係る役務の提供も非課税となります。外国為替業務とは、外国為替取引、対外支払手段の発行、対外支払手段の売買又は債権の売買（円による債権の居住者間の売買を除く）をいいます。ただし、居住者・非居住者間の証券の譲渡に係る媒介、取次ぎ又は代理に係る役務の提供は課税になります。

(2)　社会政策的な配慮に基づくもの
① 　医療の給付等
　　例：社会医療保険など
　健康保険法等に基づく療養の給付や医療の給付は非課税になります。被保険者の一部負担金も同様です。健康保険法等に基づかない美容整形、健康診断、診断書作成料などは課税となります。

② 　介護保険サービス、社会福祉事業等
　　例：介護保険サービス、第一種社会福祉事業など
　介護保険法の規定に基づく居宅介護サービス費の支給に係る居宅サービス、施設介護サービス費の支給に係る施設サービスなど一定のものは非課税になります。ただし、利用者の自己選択に基づく一部のサービスについては課税となります。

　社会福祉法に規定する社会福祉事業や更生保護事業法に規定する更生保護事業など一定のものは非課税になります。

③ 　助　産
　　例：妊娠しているか否かの検査、分娩の介助など
　医師、助産婦などによる助産に係る資産の譲渡等は非課税になります。具体的には、妊娠しているか否かの検査から出産後 2 月以内に行われる母体の回復検診、新生児に係る検診・入院が該当します。

④ 　埋葬料、火葬料
　　例：埋葬料、火葬料
　埋葬に係る埋葬料、火葬に係る火葬料を対価とする役務の提供は非課税になります。ただし、火葬の際の待合室の使用料や火葬した遺骨を納骨堂に納める費用などは課税となり

ます。

⑤　身体障害者用物品の譲渡、貸付け等
例：盲人安全つえ、車椅子の譲渡、貸付けなど

　身体障害者の使用に供するための特殊な性状、構造又は機能を有する物品で一定のものの譲渡、貸付け等は非課税になります。具体的には、義肢、盲人安全つえ、義眼、車椅子などを譲渡した場合や貸し付けた場合が該当します。

⑥　学校教育
例：学校の授業料、入学金など

　学校における教育として行う役務の提供は非課税になります。具体的には、授業料、入学金、施設設備費、入学のための試験に係る検定料などが該当します。なお、予備校や学習塾などにおける教育は課税となります。

⑦　教科用図書の譲渡
例：検定済教科書の譲渡など

　教科用図書の譲渡は非課税になります。具体的には、検定済教科書や文部科学省が著作の名義を有する教科用図書の譲渡が該当します。ただし、参考書や問題集等で学校における教育を補助するための補助教材の譲渡は課税となります。

⑧　住宅の貸付け
例：住宅の家賃など

　住宅の貸付けは非課税になります。住宅とは、人の居住の用に供する家屋又は家屋のうち人の居住の用に供する部分をいいます。ただし、非課税となるのは、貸付けに係る契約において人の居住の用に供することが明らかにされているものに限られます。また、一時的に使用させる場合（住宅の貸付けに係る期間が1月未満の場合）や旅館業に係る施設の貸付けは課税となります。

　家賃には、月決め等の家賃のほか、敷金、保証金、一時金等のうち返還しない部分や、共同住宅における共用部分に係る費用を入居者が応分に負担するいわゆる共益費が含まれます。

2　輸入取引

　保税地域から引き取られる外国貨物のうち、次に掲げるものは、消費税が非課税とされます。

①　有価証券等
②　郵便切手類
③　印　紙
④　証　紙
⑤　物品切手等
⑥　身体障害者用物品
⑦　教科用図書

（参考）課税、非課税、不課税の関係

国内取引について、課税、非課税、不課税の関係を図示すると次のとおりになります。

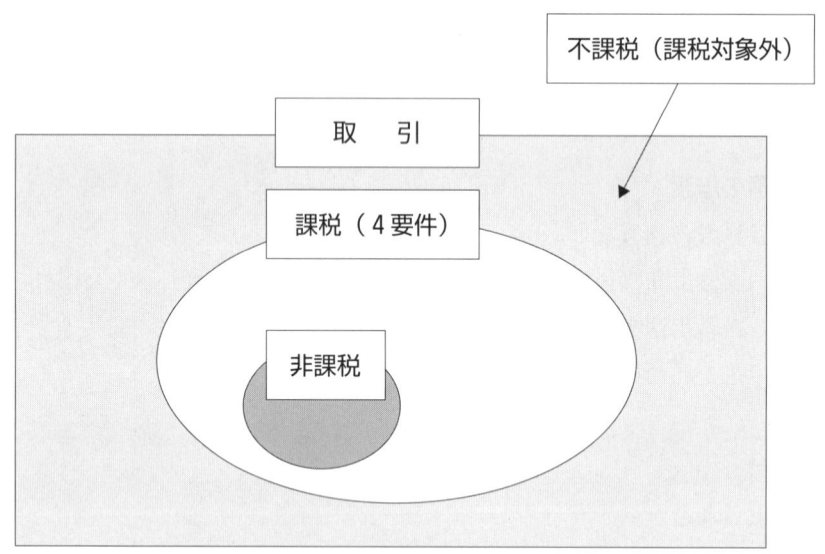

国内取引については、課税の4要件すべてを満たすものが課税対象取引となります。いずれか一つでも満たさなければ、課税対象外取引（不課税）です。これに対し、非課税は、課税の要件を満たす取引のうち、一定のものについて、消費税を課さないとしているものです。不課税と非課税ではこのように位置づけが全く異なるので、注意が必要です。

また、後述するとおり、不課税と非課税の違いをきっちり区別しないと消費税額の計算を間違ってしまいます。

/ まとめ /

● 国内取引
（課税することになじまないもの）

❶　土地の譲渡及び貸付け

❷	有価証券等及び支払手段の譲渡
❸	利子、保険料等
❹	郵便切手類等及び物品切手等の譲渡
❺	国等の手数料、外国為替業務

(社会政策的な配慮に基づくもの)

❶	医療の給付等
❷	介護保険サービス、社会福祉事業等
❸	助　産
❹	埋葬料、火葬料
❺	身体障害者用物品の譲渡、貸付け等
❻	学校教育
❼	教科用図書の譲渡
❽	住宅の貸付け

● 輸入取引

❶	有価証券等
❷	郵便切手類
❸	印　紙
❹	証　紙
❺	物品切手等
❻	身体障害者用物品
❼	教科用図書

第4節　輸出免税等

　消費税は、国内における物品の販売やサービスの提供に対して課せられるという消費地課税主義の考え方により、輸出や輸出に類似した取引については消費税が免除されます。
　輸出免税等は、消費税法で規定されているものと、その他の法律により規定されているものがありますが、ここでは消費税法で規定されているもののうち輸出取引等について解説します。

1　輸出取引等

　事業者が国内において行う課税資産の譲渡等のうち、次に掲げるものに該当するものについては、消費税が免除されます。課税資産の譲渡等とは、資産の譲渡等のうち、非課税の規定により消費税を課さないこととされるもの以外のものをいいます。

①　本邦からの輸出として行われる資産の譲渡又は貸付け

　資産を譲渡又は貸し付けるために行われる我が国からの輸出取引には、消費税が免除されます。輸出とは、内国貨物を外国に向けて送り出すことをいいます。内国貨物とは、本邦にある貨物で外国貨物（輸出の許可を受けた貨物及び外国から本邦に到着した貨物（外国の船舶により公海で採捕された水産物を含む）で輸入が許可される前のもの）でないもの及び本邦の船舶により公海で採捕された水産物をいいます。

②　外国貨物の譲渡又は貸付け

　外国から我が国に到着した貨物で輸入が許可される前のもの（外国貨物）の譲渡又は貸付けには、消費税が免除されます。

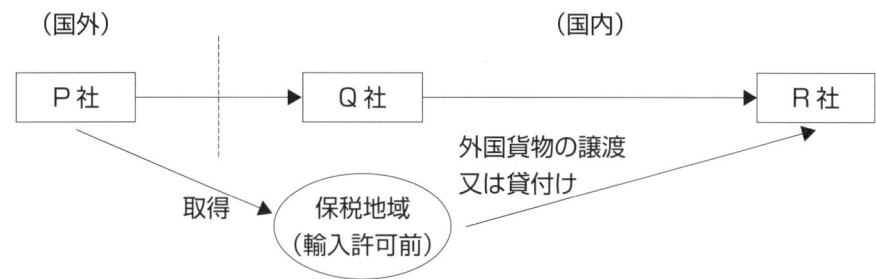

③ **国内及び国外にわたって行われる旅客又は貨物の輸送、通信、郵便、信書便**

　国際運輸、国際通信、国際郵便は、消費税が免除されます。

旅客・貨物の輸送、通信、郵便、信書便

④ **外航船舶等の譲渡又は貸付けで船舶運航事業者等に対するもの等**

　外航船舶等の譲渡又は貸付けで船舶運航事業者等に対するものは、消費税が免除されます。外航船舶等とは、専ら国内及び国外にわたって又は国外と国外との間で行われる旅客又は貨物の運送の用に供される船舶又は航空機をいいます。船舶運航事業者等とは、船舶運航事業、船舶貸渡業又は航空運送事業を営む者をいいます。

　また、外航船舶等の修理で船舶運航事業者等の求めに応じて行われるものも、消費税が免除されます。

⑤ **一定のコンテナーの譲渡又は貸付けで船舶運航事業者等に対するもの等**

　専ら国内と国外又は国外と国外との間の貨物の輸送の用に供されるコンテナーの譲渡又は貸付けで船舶運航事業者等に対するものは、消費税が免除されます。また、コンテナーの修理で船舶運航事業者等の求めに応じて行われるものも同様です。

⑥ **外航船舶等の水先、誘導、その他入出港、離着陸の補助又は入出港、離着陸、停泊、駐機のための施設の提供に係る役務の提供等で船舶運航事業者等に対するもの等**

　国際輸送に必要な輸送手段そのものを物理的に移動させるサービス、移動に伴って輸送手段そのものに加えられるサービス、移動に伴って必然的に提供されるサービス等で船舶運航事業者等に対するものは、消費税が免除されます。具体的には、港湾に入港する外航船舶からその港湾の利用に対して港湾管理者が徴収する料金である水先料、空港への着陸又は離陸、空港における駐機などの空港又は空港の施設の利用料金である空港使用料などが対象となります。

⑦　外国貨物の荷役、運送、保管、検数、鑑定その他これらに類する外国貨物に係る役務の提供

　港湾運送事業者が行う港湾荷役事業などの事業で外国貨物に係るものなどは、消費税が免除されます。

⑧　非居住者に対する無形固定資産等の譲渡又は貸付け

　非居住者に対する無形固定資産等の譲渡又は貸付けは、消費税が免除されます。非居住者とは、居住者以外の自然人及び法人をいいます。居住者とは、国内に住所等を有する自然人及び国内に主たる事務所を有する法人です。非居住者の国内にある支店等は、その主たる事務所が外国にある場合でも居住者とみなされます。

　無形固定資産等とは、鉱業権、租鉱権、特許権、実用新案権、著作権、営業権、漁業権等です。

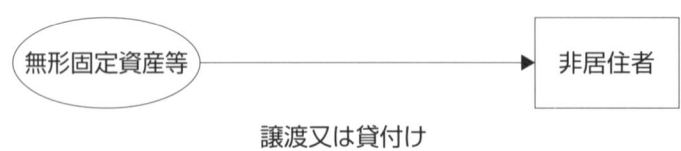

⑨　非居住者に対する役務の提供

　非居住者に対する役務の提供は、次に掲げるものを除き、消費税が免除されます。
　　ア　国内に所在する資産に係る運送又は保管
　　イ　国内における飲食又は宿泊
　　ウ　ア及びイに準ずるもので国内において直接便益を享受するもの

　例えば、国内に事務所等を有しない外国法人からの依頼を受けて行う、ア国内の事業者が国内代理店として行う事業、イ新聞社、雑誌社等が行う広告の掲載などが該当します。

　事業者が非居住者に対して役務の提供を行った場合に、その非居住者が支店等を国内に有するときは、その役務の提供はその支店等を経由して役務の提供を行ったものとして消費税は免除されません。これは、上記⑧で見たとおり、非居住者の国内にある支店等は、その主たる事務所が外国にある場合でも居住者とみなされ、また、非居住者に対する役務の提供が、通常、その非居住者の国内の支店等を通じて行われることが多いと考えられることから、このような取扱いとなっています。

　しかし、国内に支店等を有する非居住者に対する役務の提供であっても、次の要件の全

てを満たすときは、消費税が免除される取引として取り扱うことができます。
　ア　役務の提供が非居住者の国外の本店等との直接取引であり、非居住者の国内の支店等はこの役務の提供に直接的にも間接的にもかかわっていないこと
　イ　役務の提供を受ける非居住者の国内の支店等の業務は、その役務の提供に係る業務と同種、あるいは関連する業務でないこと

2　輸出証明等

　輸出免税の規定は、輸出証明書等一定の帳簿又は書類を課税期間の末日の翌日から2月を経過した日から7年間保存することにより適用されます。例えば、輸出として行われる資産の譲渡又は貸付けである場合には、輸出許可書が必要となります。

まとめ

● 輸出取引等

❶	本邦からの輸出として行われる資産の譲渡又は貸付け
❷	外国貨物の譲渡又は貸付け
❸	国内及び国外にわたって行われる旅客又は貨物の輸送、通信、郵便、信書便
❹	外航船舶等の譲渡又は貸付けで船舶運航事業者等に対するもの等
❺	一定のコンテナーの譲渡又は貸付けで船舶運航事業者等に対するもの等
❻	外航船舶等の水先、誘導、その他入出港、離着陸の補助又は入出港、離着陸、停泊、駐機のための施設の提供に係る役務の提供等で船舶運航事業者等に対するもの等
❼	外国貨物の荷役、運送、保管、検数、鑑定その他これらに類する外国貨物に係る役務の提供
❽	非居住者に対する無形固定資産等の譲渡又は貸付け
❾	非居住者に対する役務の提供

（参考）課税、非課税、免税、不課税の関係

　国内取引について、課税、非課税、免税、不課税の関係を図示すると次のとおりになります。

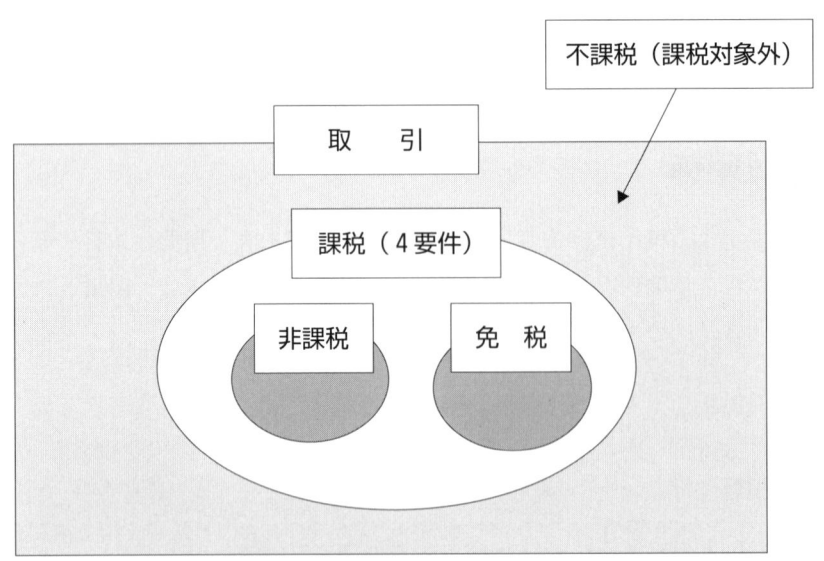

　非課税のところで説明したとおり、国内取引については課税の4要件全てを満たすと、課税対象取引となります。しかし、そのうち一定のものについては消費税を課さない非課税となっています。それ以外は消費税がかかりますが、このうちゼロ税率を適用すると考えるのが輸出免税になります。課税の4要件を満たす取引のうち、消費税を課さないものが非課税、消費税を課しているものの税率にゼロ％を適用するものが免税ということです。

　非課税と免税が消費税の計算上、大きく異なるのが、その取引のために行った仕入れについて仕入税額控除を行うことができるか否かにあります。すなわち、非課税とされる取引は、消費税が課されていないので、非課税取引のために行った仕入れについては、原則として、仕入税額控除を行うことができません。

　これに対して、免税とされる取引は、消費税が適用税率ゼロ％として課されているため、免税取引のために行った仕入れについては、原則として、仕入税額控除を行うことができます。

例：非課税取引の場合

土地の売却：売却価額50,000,000円

売却のための造成：造成費用10,800,000円（うち、消費税800,000円）

　　売上げに係る消費税　　　　　なし
　　仕入れに係る消費税　　　　　800,000円
　　差引　　　　　　　　　　　　0円

　非課税取引は、消費税が課されていないため、売上げに係る消費税はないため、仕入税額控除はできません。

例：免税取引の場合

商品の輸出：売却価額50,000,000円

売却のための仕入れ：仕入価額43,200,000円（うち、消費税3,200,000円）

　　売上げに係る消費税　　　　　0円
　　仕入れに係る消費税　　　　　3,200,000円
　　差引　　　　　　　　　　　　△3,200,000円

　免税取引は、消費税がゼロ％として課されているため、売上げに係る消費税はゼロ円（50,000,000円×0％）と考え、仕入税額控除ができます（この例では、320万円が還付されます）。

　輸出免税についてこのような取扱いをするのは、輸出品に仕入れに係る消費税が転嫁されないようにするためです。輸出業者は、輸出のための仕入れに係る消費税の還付を受けることにより、この例の場合、40,000,000円で仕入れた商品を外国に50,000,000円で売却することになります。

　もし、還付が受けられないと、仕入れに係る消費税相当額だけ利益が圧縮されてしまい、これに対応するためには売却価額をあげることになりますが、これは消費地課税主義の考え方から適当ではないし、また国際競争力という点からも問題が生じるからです。このようにして消費税を含まない価格で輸出させることを、国境税調整といいます。

　以上の説明からわかるとおり、消費税では、非課税、免税、不課税をきちんと区別することが概念上だけでなく計算上も非常に重要となります。

第5節　納税義務者

1　国内取引

　国内取引については、事業者が消費税を納める義務があります。すなわち、事業者である個人事業者及び法人が、国内において行った課税資産の譲渡等について、消費税の納税義務者となります。課税資産の譲渡等とは、資産の譲渡等のうち、消費税を課さないこととされているもの（非課税取引）以外のものをいいます。

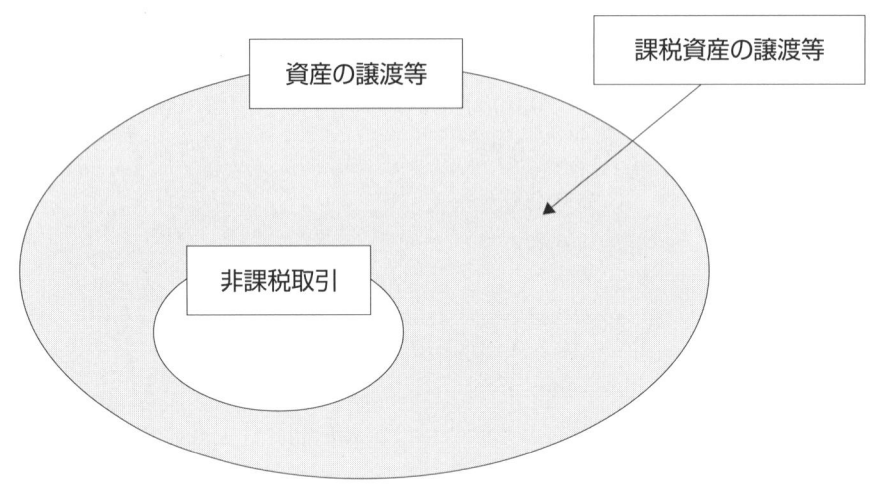

2　納税義務の免除

　消費に広く負担を求めるという消費税の趣旨からすると全ての事業者が消費税を納めることが望ましいといえます。しかし、小規模事業者の事務負担や税務執行面への配慮から、一定の規模以下の小規模事業者については、納税義務が免除されています。消費税が課される事業者を課税事業者、消費税が免除される事業者を免税事業者といいます。
(注)　免税事業者は、消費税を納める必要はありませんが、これは消費税の還付を受けることもできないことを意味しますので注意が必要です。

　具体的には、事業者のうち、その課税期間に係る「基準期間における課税売上高」及び「特定期間における課税売上高等」が1,000万円以下である者について納税義務が免除されます。
　「基準期間における課税売上高」が1,000万円を超えれば課税事業者になります。「基準期間における課税売上高」が1,000万円以下の場合には、次に「特定期間における課税売

上高等」を算定し、これが1,000万円を超えれば課税事業者、1,000万円以下であれば免税事業者となります。

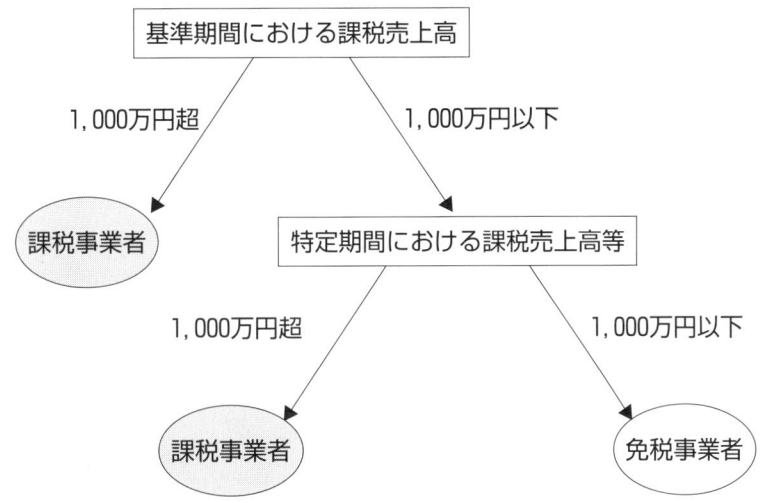

(1) 基準期間における課税売上高
① 基準期間とは
「基準期間」とは、個人事業者及び法人の区分に応じ、次のとおりになります。
ア 個人事業者…その年の前々年
イ 法人…その事業年度の前々事業年度。ただし、前々事業年度が1年未満である場合には、その事業年度開始の日の2年前の日の前日から同日以後1年を経過する日までの間に開始した各事業年度を合わせた期間が基準期間となります。

② 基準期間における課税売上高とは
ア 個人事業者、基準期間が1年である法人の場合
「基準期間における課税売上高」とは、個人事業者及び基準期間が1年である法人の場合、次の算式により計算します。

基準期間における課税売上高：A－（B－b）

A：基準期間中に国内において行った課税資産の譲渡等の対価の額
B：基準期間中に行った売上げに係る対価の返還等の金額
b：基準期間中に行った売上げに係る対価の返還等の金額に係る消費税額×$\frac{80}{63}$

上記算式中、A「基準期間中に国内において行った課税資産の譲渡等の対価の額」とは、税抜の売上金額を意味します。また、B「基準期間中に行った売上げに係る対価の返還等の金額」とは、税込の売上値引、返品等を意味します。したがって、「B－b」は、税抜の売上値引、返品等となります。その結果、算式全体としては、基準期間中に行った値引、返品等を除いた税抜の売上金額を意味することになります。基

準期間における課税売上高の算定上、主な留意点は下記のとおりです。
・輸出免税を含める（対価の返還等があれば控除する）
・貸倒れは控除しない
・非課税資産の輸出は含めない
・基準期間が免税事業者であった場合には税抜処理は行わない
・みなし譲渡を含める

イ　基準期間が1年でない法人の場合

基準期間が1年でない法人の場合、次のとおり、12月相当額に換算します（注1）。

基準期間における課税売上高：

$$\frac{A－（B－b）}{基準期間に含まれる事業年度の月数（注2）}×12$$

（注1）個人事業者については、年の中途において事業を開始した場合や事業を廃止した場合等その基準期間において事業を行った期間が1年に満たないときであっても年換算は行いません。

（注2）月数は、暦に従って計算し、1月に満たない端数を生じたときは、1月とします。

（例）

ア　1年決算法人の場合

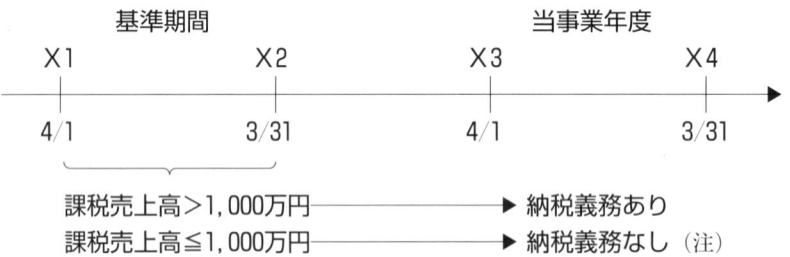

課税売上高＞1,000万円　　　　→　納税義務あり
課税売上高≦1,000万円　　　　→　納税義務なし（注）
（注）特定期間による判定でも納税義務がない場合（特定期間による判定で納税義務が免除されない場合は納税義務あり）

イ　決算期変更した場合

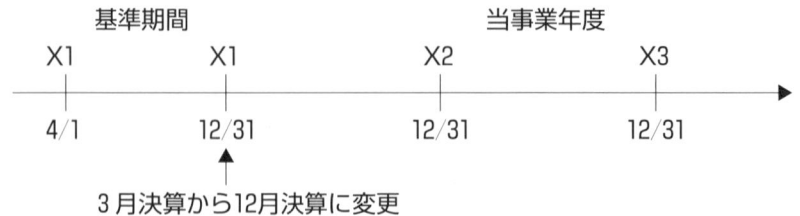

3月決算から12月決算に変更

前々事業年度が1年未満（4/1〜12/31）

基準期間＝「その事業年度開始の日の2年前の日の前日から同日以後1年を経過する日までの間に開始した各事業年度を合わせた期間」

「その事業年度開始の日（X3年1月1日）の2年前の日の前日」とは、X1年1月1日、「同日以後1年を経過する日」とは、X1年12月31日をいいます。

したがって、「X1年1月1日からX1年12月31日までの間に開始した各事業年度を合わせた期間」である「X1年4月1日～X1年12月31日」が基準期間となります。

↓

基準期間における課税売上高（A）

$= \dfrac{\text{基準期間中に行った値引、返品等を除いた税抜の売上金額}}{9} \times 12$

A＞1,000万円　　　　→　X3年1月1日～X3年12月31日の納税義務あり

A≦1,000万円　　　　→　X3年1月1日～X3年12月31日の納税義務なし(注)

(注) 特定期間による判定でも納税義務がない場合（特定期間による判定で納税義務が免除されない場合は納税義務あり）

基準期間と基準期間における課税売上高

区　分		基準期間
個人事業者		その年の前々年
法人	原則	その事業年度の前々事業年度
法人	前々事業年度が1年未満の場合	その事業年度開始の日の2年前の日の前日から1年を経過する日までの間に開始した各事業年度を合わせた期間

区　分		基準期間における課税売上高
個人事業者		税抜の課税売上高
法人	基準期間が1年である法人	税抜の課税売上高
法人	基準期間が1年でない法人	税抜の課税売上高／基準期間の月数×12

(2) 特定期間における課税売上高等

① 特定期間とは

「特定期間」とは、個人事業者及び法人の区分に応じ、次のとおりです。

ア　個人事業者…その年の前年1月1日から6月30日までの期間

イ　法人

　　a　その事業年度の前事業年度（短期事業年度(注1)を除く）がある法人

　　　その事業年度の前事業年度開始の日以後6月の期間(注3)

　　b　その事業年度の前事業年度が短期事業年度である法人

　　　その事業年度の前々事業年度(注2)開始の日以後6月の期間(注4)（その前々事業年度が6月以下の場合には、その前々事業年度開始の日からその終了の日ま

での期間）
(注１) 短期事業年度とは、次に掲げる事業年度をいいます。
　　　ア　その事業年度の前事業年度で７月以下であるもの
　　　イ　その事業年度の前事業年度（７月以下であるものを除く）で６月の期間の末日（(注３)の６月の期間の特例の適用がある場合には、(注３)に定める日）の翌日からその前事業年度終了の日までの期間が２月未満であるもの
(注２) 次に掲げる事業年度を除きます。
　　　ア　その事業年度の前々事業年度でその事業年度の基準期間に含まれるもの
　　　イ　その事業年度の前々事業年度（６月以下であるものを除く）で６月の期間の末日（６月の期間の特例の適用がある場合には、(注３)に定める日）の翌日からその前々事業年度の翌事業年度終了の日までの期間が２月未満であるもの
　　　ウ　その事業年度の前々事業年度（６月以下であるものに限る）でその翌事業年度が２月未満であるもの
(注３) ６月の期間の末日が次に掲げる場合に該当するときは、前事業年度開始の日から次に掲げる日までの期間をその前事業年度開始の日以後６月の期間とみなします。
　　　ア　６月の期間の末日がその月の末日でない場合（その前事業年度終了の日（６月の期間の末日後に前事業年度終了の日の変更があった場合には、その変更前の終了の日）が月の末日である場合に限る）
　　　　　６月の期間の末日の属する月の前月の末日
　　　イ　６月の期間の末日がその日の属する月のその前事業年度の終了応当日（その前事業年度終了の日に応当するその前事業年度に属する各月の日をいう）でない場合（その前事業年度終了の日が月の末日である場合を除く）
　　　　　６月の期間の末日の直前の終了応当日
(注４) 上記（注３）と同様のみなし規定があります。

(考え方)

　上記のとおり、法人の特定期間とは、原則として、前事業年度開始の日から６月の期間をいいます。納税義務の有無を判断するためには、特定期間中の課税売上高等を集計する必要がありますが、その集計のための期間を２月想定しています。したがって、前事業年度が７月以下の場合や集計期間としての２月を確保できない場合には、特定期間とすることは適当ではないため、これを短期事業年度とし、前事業年度が短期事業年度に該当する場合には、前々事業年度開始の日から６月の期間で判定することとしています。ただし、前々事業年度が基準期間に含まれる場合や、集計期間として２月を確保できない場合には、特定期間とすることは適当ではないため、その場合には、特定期間による判定は行わないことになります。

　また、上記（注３）及び（注４）に規定する６月の期間の特例とは、課税売上高等の集計期間を法人のその前事業年度終了の日に合わせるものであり、集計が煩雑にならないようにするための配慮から設けられたものです。例えば、前事業年度終了の日が月末であれ

ば、6月の期間の末日も月末の方が、集計が容易になると考えられます。そこで、前事業年度終了の日と6月の期間の末日が一致しない場合には、その6月の期間の末日の直前に到来する前事業年度終了の日の応当日までを特定期間とする特例が、この6月の期間の特例です。

(例)
ア 1年決算法人の場合

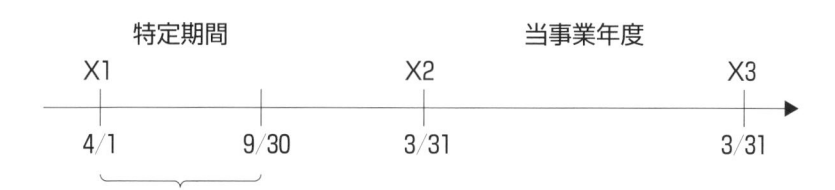

```
        特定期間              当事業年度
   X1            X2                X3
   ┼─────────────┼─────────────────┼──────▶
  4/1         9/30  3/31            3/31
   └─────────┘
```

イ 設立事業年度の翌事業年度（a）

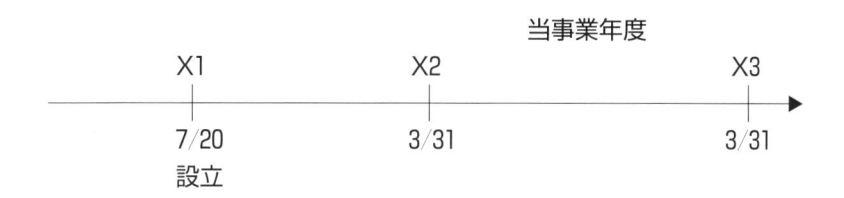

```
                         当事業年度
   X1           X2                  X3
   ┼────────────┼───────────────────┼──────▶
  7/20         3/31                3/31
  設立
```

(判定)
① 前事業年度（X1年7月20日～X2年3月31日）は、7月超のため、短期事業年度には該当しない。
② 前事業年度開始の日（X1年7月20日）以後6月の期間の末日は、X2年1月19日であり、前事業年度終了の日が月の末日であり、かつ、6月の期間の末日がその月の末日でない場合（（注3）のア）に該当するため、特例により、6月の期間の末日の属する月の前月の末日であるX1年12月31日までが特定期間となる。
∴ 特定期間 X1年7月20日～X1年12月31日

ウ 設立事業年度の翌事業年度（b）

```
                         当事業年度
   X1           X2                  X3
   ┼────────────┼───────────────────┼──────▶
  8/10         3/20                3/20
  設立
```

(判定)
① 前事業年度（X1年8月10日～X2年3月20日）は、7月超のため、短期事業年度には該当しない。

②前事業年度開始の日（X1年8月10日）以後6月の期間の末日は、X2年2月9日であり、前事業年度終了の日が月の末日でなく、かつ、6月の期間の末日がその日の属する月のその前事業年度の終了応当日でない場合（（注3）のイ）に該当するため、特例により、6月の期間の末日の直前の終了応当日であるX2年1月20日までが特定期間となる。
　∴特定期間　X1年8月10日～X2年1月20日

エ　決算期変更した場合

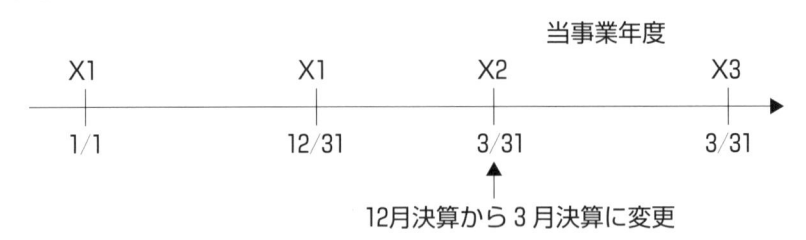

```
                              当事業年度
       X1        X1      X2         X3
       ├────────┼────────┼──────────┼───→
       1/1     12/31    3/31       3/31
                         ↑
                  12月決算から3月決算に変更
```

（判定）
①前事業年度X2年1月1日～X2年3月31日は、7月以下のため、短期事業年度に該当する。
②前々事業年度X1年1月1日～X1年12月31日は、当事業年度の基準期間に含まれるため、前々事業年度は特定期間とならない。
　∴特定期間なし

② 特定期間における課税売上高等とは

　「特定期間における課税売上高等」とは、特定期間における課税売上高か、特定期間中に支払った給与等の金額に相当する金額かいずれかを選択することができます。特定期間における課税売上高は、基準期間における課税売上高と同様に計算した金額です。給与等とは、給与所得となる給与、賞与などです。所得税が非課税となる通勤手当や旅費等は該当せず、未払額は含まれません。

　特定期間における課税売上高及び特定期間中に支払った給与等の金額に相当する金額のいずれも1,000万円超であれば課税事業者、いずれも1,000万円以下であれば免税事業者となります。いずれか一方が1,000万円超で、他方が1,000万円以下の場合は、課税事業者、免税事業者のいずれも選択することが可能です。

```
                    ┌──────────────────┐
                    │前事業年度は短期事業年度│
                    │に該当するか？      │
                    └──────────────────┘
                   YES            NO
          ┌──────────────────┐      ┌──────────────────┐
          │前々事業年度は除外事業│      │特定期間：前事業年度開始│
          │年度（注1）に該当するか？│    │の日以後6月の期間   │
          └──────────────────┘      └──────────────────┘
         YES           NO
   ┌──────────┐  ┌──────────────────┐
   │特定期間：なし│  │特定期間：前々事業年度開始│
   │          │  │の日以後6月の期間（注2）│
   └──────────┘  └──────────────────┘
```

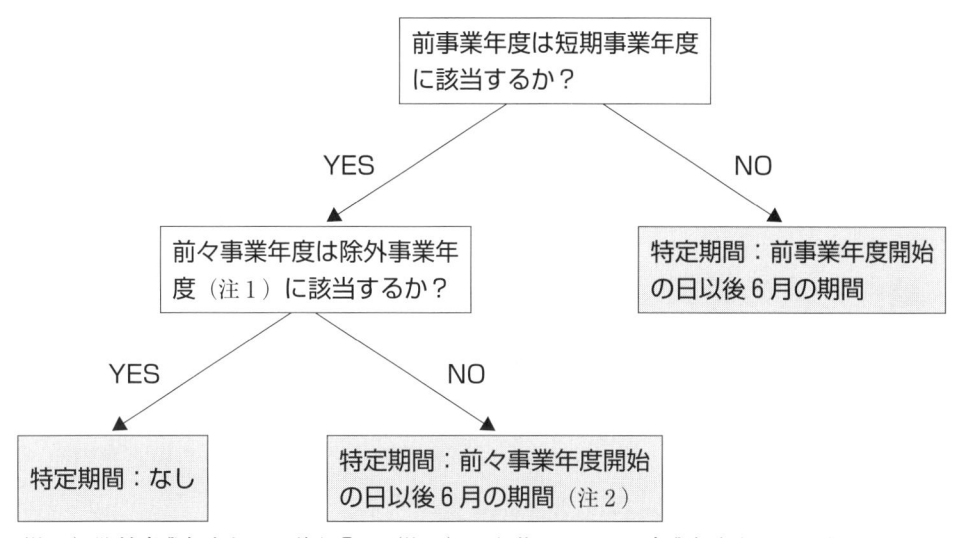

（注1）除外事業年度とは、前記①の（注2）に記載されている事業年度をいいます。

（注2）その前々事業年度が6月以下の場合には、その前々事業年度開始の日からその終了の日までの期間となります。

● **特定期間と特定期間における課税売上高等**

区　分		特定期間
個人事業者		前年1月1日から6月30日までの期間
法人	その事業年度の前事業年度（短期事業年度を除く）がある法人	その事業年度の前事業年度開始の日以後6月の期間
	その事業年度の前事業年度が短期事業年度（注1）である法人	その事業年度の前々事業年度（注2）開始の日以後6月の期間（注3）

（注1）短期事業年度とは次に掲げる事業年度をいいます。

　　ア　その事業年度の前事業年度で7月以下であるもの

　　イ　その事業年度の前事業年度（7月以下であるものを除く）で6月の期間の末日の翌日からその前事業年度終了の日までの期間が2月未満であるもの

（注2）次に掲げる事業年度を除きます。

　　ア　その事業年度の前々事業年度でその事業年度の基準期間に含まれるもの

　　イ　その事業年度の前々事業年度（6月以下であるものを除く）で6月の期間の末日の翌日からその前々事業年度の翌事業年度終了の日までの期間が2月未満であるもの

　　ウ　その事業年度の前々事業年度（6月以下であるものに限る）でその翌事業年度が2月未満であるもの

（注3）その前々事業年度が6月以下の場合には、その前々事業年度開始の日からその終了の日までの期間をいいます。

	特定期間における課税売上高等
選択	特定期間における課税売上高
	特定期間中に支払った給与等の金額

3　新設法人の特例

　新設法人のその基準期間がない事業年度に含まれる各課税期間における課税資産の譲渡等については、納税義務が免除されません。新設法人とは、その事業年度の基準期間がない法人（社会福祉法人を除く）のうち、その事業年度開始の日における資本金の額（出資の金額）が1,000万円以上である法人をいいます。

　基準期間がない事業年度ですから、第1期及び第2期が該当します。また、資本金はその事業年度開始の日（期首）で判定しますから、期首時点で1,000万円未満であれば、その後の増資により資本金が1,000万円以上となったとしても、この規定の適用はありません。

　また、基準期間がない事業年度が前提ですが、特定期間については何ら要件には関係ありませんので、仮に特定期間における課税売上高が1,000万円以下であっても、期首の資本金の額が1,000万円以上であれば、納税義務は免除されません。

4　特定新規設立法人の特例

　特定新規設立法人については、その基準期間がない事業年度に含まれる各課税期間における課税資産の譲渡等については、納税義務が免除されません。特定新規設立法人とは、その事業年度の基準期間がない法人（新設法人及び社会福祉法人を除く）（新規設立法人）のうち、次の全ての要件を満たすものをいいます。

① 　新設開始日（注1）において特定要件（注2）に該当すること
② 　新規設立法人が特定要件に該当する旨の判定の基礎となった他の者及び当該他の者と特殊関係にある法人（注3）のうちいずれかの者の基準期間相当期間（注4）における課税売上高（注5）が5億円を超えること

(注1) 新設開始日とは、その基準期間がない事業年度開始の日をいいます。
(注2) 特定要件とは、他の者により新規設立法人の発行済株式（出資）（自己株式（出資）を除く）（発行済株式等）の50％超の株式（出資）が直接又は間接に保有される場合等他の者により支配される場合をいいます。他の者が単独で新規設立法人の発行済株式等の50％超の株式を保有する場合はもちろん、他の者及び他の者が完全支配（他の法人の発行済株式等の全てを有する場合）している他の法人で新規設立法人の発行済株式等の50％超の株式を保有する場合も含まれます。なお、他の者

が個人の場合には、その個人の親族等が保有する部分も含めて判定します。
(注3) 他の者と特殊関係にある法人とは、他の者(新規設立法人の発行済株式等を有する者に限り、他の者が個人である場合には当該他の者の親族等を含む)が他の法人を完全支配している場合の当該他の法人をいいます。ただし、非支配特殊関係法人(他の者(新規設立法人の発行済株式等を有する者に限る)と生計を一にしない別生計親族等が他の法人を完全支配している場合の当該他の法人)は除きます。
(注4) 基準期間相当期間とは、法人の場合、原則として、新規設立法人の新設開始日の2年前の日の前日から同日以後1年を経過する日までの間に終了した判定対象者の各事業年度を合わせた期間をいいます。なお、判定対象者とは、他の者(新規設立法人の発行済株式等を有する者に限る)及び当該他の者が完全支配する他の法人のうちいずれかの者をいいます。
(注5) 基準期間相当期間における課税売上高は、基準期間相当期間の国内における課税資産の譲渡等の対価の額の合計額から、対価の返還等の金額を控除した残額とされ、12月に換算した金額をいいます。

(特定要件)

新規設立法人が他の者により支配される場合

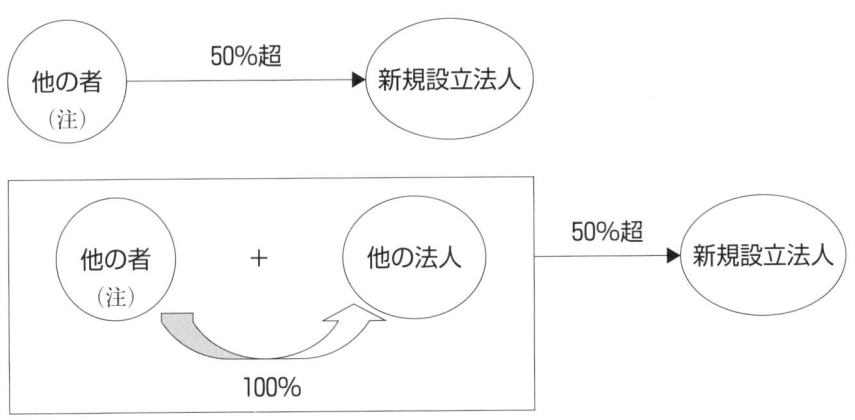

[図：他の者(注) →50%超→ 新規設立法人]

[図：他の者(注) + 他の法人（100%）→50%超→ 新規設立法人]

(注) 他の者が個人の場合にはその親族等を含む。

(基準期間相当期間)

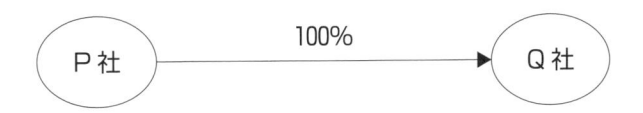

[図：P社 →100%→ Q社]

前提：P社(3月決算)がQ社(12月決算)をH26.6.10に設立
　　　H26.6.10の2年前の日の前日(H24.6.10)から1年経過する日(H25.6.9)までの間に終了した判定対象者(P社)の事業年度(H24.4.1～H25.3.31)

(解散法人のみなし規定)

次の全ての要件を満たす場合には、解散法人を特殊な関係にある法人とみなして、新規設立法人の納税義務を判定します。

ア　新規設立法人が新設開始日において特定要件に該当すること

ロ　他の者と特殊な関係にある法人であったもので、新規設立法人の設立の日前１年以内又は新設開始日前１年以内に解散したもののうち、その解散した日において特殊な関係にある法人に該当していたもの（解散法人 (注)）

（注）新設開始日においてなお特殊な関係にある法人であるものを除きます。

5　課税事業者の選択

　既に述べたとおり、免税事業者は消費税を納める必要はありませんが、消費税の還付を受けることもできません。消費税の計算は、詳しくは後述しますが、売上げ等に含まれている預り消費税から、仕入れや諸経費等に含まれている支払い消費税を差し引いて、差額を国に納めます。多額の設備投資等を行った場合には、預り消費税よりも支払い消費税が多くなり、結果として、還付を受けられる場合があります。しかし、これはあくまで課税事業者に限られ、免税事業者については還付を受けることができません。そこで、このような場合に免税事業者が還付を受けるようにするための制度が課税事業者の選択になります。

　免税事業者が課税事業者になるためには、「消費税課税事業者選択届出書」を納税地の所轄税務署長に提出する必要があります。この届出書の効力は、提出した日の属する課税期間の翌課税期間から生じます。例えば、翌期に多額の設備投資が予定され消費税の還付を受けるのであれば、当期中に届出書を提出する必要があります。

　ただし、新規開業した事業者等は、その開業した日の属する課税期間の末日までに届出書を提出すれば、開業した日の属する課税期間から課税事業者を選択することができます。

　課税事業者の選択をやめようとする場合には、「消費税課税事業者選択不適用届出書」を提出する必要があります。この届出書の効力は、提出した日の属する課税期間の翌課税期間から生じます。

　ただし、この届出書は、事業を廃止した場合を除き、「消費税課税事業者選択届出書」の効力が生じた日から２年を経過する日の属する課税期間の初日以降でなければ提出することはできません。

　つまり、いったん「消費税課税事業者選択届出書」を提出し、課税事業者を選択したならば、最低、２年間は課税事業者であり続けることになります。免税事業者に戻れるのは、３年目以降になりますので、「消費税課税事業者選択届出書」を提出する際には、慎重に判断する必要があります。

　なお、一定の場合には、課税事業者の３年間の継続適用が義務付けられることがあります。

効力発生

免税　｜　課税
↑
「課税事業者選択届出書」提出

免税　｜　A　課税　｜　B　課税
↑
「課税事業者選択届出書」提出　　　　不適用届出書提出可

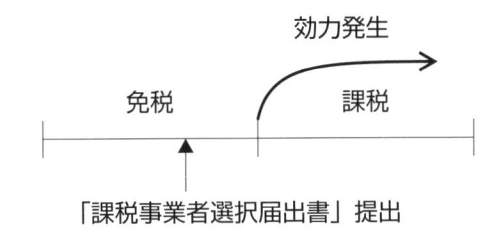

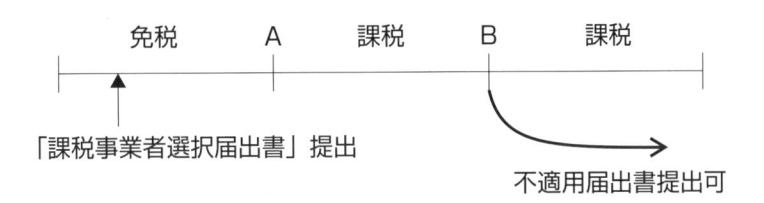

「課税事業者選択不適用届出書」の提出は、効力が生じた日（A）から2年を経過する日の属する課税期間の初日（B）以降

6　輸入取引

　外国貨物を保税地域から引き取る者は、課税貨物につき、消費税を納める義務があります。国内取引とは異なり、輸入取引については、事業者だけでなく消費者も納税義務者となります。

第6節　課税標準と税率

1　国内取引の課税標準

　消費税の課税標準は、課税資産の譲渡等の対価の額とされます。「課税標準」とは、税率を適用する直前の金額で、これに税率を乗ずることにより、税額を算定します。また、「課税資産の譲渡等の対価の額」とは、対価として収受し、又は収受すべき一切の金銭又は金銭以外の物若しくは権利その他経済的な利益の額とし、消費税額及び地方消費税額を含まないものとされます。要するに、実際の取引に係る税抜対価の額をもとに消費税額を算定するということです。金銭以外の物又は権利を取得した場合には、取得時の時価が課税標準となります。

　実際に課税標準を計算する場合には、その課税期間における税込対価の額の合計額に108分の100を乗じることにより算定します。この際、千円未満の端数は切り捨てます。消費税の会計処理には、税抜処理と税込処理がありますが、いずれの会計処理を採用している場合でも、課税標準の算定は、税込対価の額をもとに計算するのが原則的な方法です。

　課税標準　＝　その課税期間の税込対価の額の合計額　×　$\dfrac{100}{108}$（千円未満切捨て）

①　課税標準に含まれるか、含まれないか？

　価額の中に課税資産の譲渡等を行った者（売り手等）が本来納付すべきものとされている税金や手数料等に相当する額が含まれていたとしても、その価額の全体が消費税の課税標準となります。これに対して、課税資産の譲渡等を受ける者（買い手等）が本来納付すべきもので預り金等として明確に区分している場合には、消費税の課税標準に含まれません。

　前者は、例えば、銀行が顧客から受け取る振込手数料に金銭の受領事実を証する振込金受取書等に課税される印紙税相当額が含まれている場合には、印紙を貼付しなければならないのは銀行であるため、その印紙税相当額を含めた手数料の総額が課税標準となります。後者は、例えば、司法書士が、顧客から不動産の移転登記の依頼を受けた場合には、登録免許税相当額を受領しますが、これは不動産の取得者が本来納付すべきものを代わって支払うために受領したものであり、立替金に過ぎず、司法書士の報酬の対価ではないのでその額が請求書や領収書等の内訳で示され預り金等として明確に区分している場合には、課税標準には含まれません。

　課税資産の譲渡等の対価の額には、酒税、たばこ税等の個別消費税は、課税資産の価額の一部を構成することから、消費税の課税標準に含まれます。これに対して、軽油引取税、

ゴルフ場利用税、入湯税については、課税資産の譲渡等を受ける者が納税義務者となっているため、対価の額には含まれません。しかし、その税額に相当する金額について明確に区分されていない場合は、対価の額に含まれます。

② 特殊な取引の場合
　ア　代物弁済

　　代物弁済とは、債務者が債権者の承諾を得て、約定されていた弁済の手段に代えて他の給付をもって弁済することをいいます。例えば、3,000万円を借りていたが、返済期限までに金銭を準備することができなかった場合に、債権者に借りた金銭の代わりに債務者が所有している土地で返済することを申し出、債権者がこれを承諾した場合が該当します。

　　代物弁済により資産を譲渡した場合、代物弁済により消滅する債務の額に相当する金額が課税標準となります。ただし、代物弁済により譲渡される資産の価額が債務の額を超える額に相当する金額につき支払を受ける場合にはこれを加算します。

　　例えば、3,000万円の借入金に対して、代物弁済として時価5,000万円の建物で弁済し、差額2,000万円の支払を受けた場合、課税標準は消滅した債務3,000万円に支払を受けた2,000万円を加えた5,000万円となります。

　　なお、現物給与など初めから現物を給付する予定である場合には、代物弁済には該当しません。

　イ　負担付贈与

　　負担付贈与とは、その贈与に係る受贈者に一定の給付をする義務を負担させる資産の贈与をいいます。負担を伴わない単純贈与であれば、無償取引として、消費税の課税対象とは原則としてなりません。しかし、負担付贈与は、資産を引き渡す対価として、債務が消滅するため、有償取引として消費税の課税対象となります。

　　負担付贈与により資産を譲渡した場合、負担付贈与に係る負担の価額に相当する金額が課税標準となります。例えば、借入債務3,000万円が残っている建物を負担付贈与した場合、建物の譲渡により借入債務3,000万円が消滅するため、3,000万円が課税標準となります。

　ウ　現物出資

　　現物出資とは、金銭以外の資産による出資をいいます。現物出資については、出資により取得する株式（出資）の取得時の価額が課税標準となります。

　エ　交換

　　資産を交換した場合、交換により取得する資産の取得時の価額が課税標準となります。ただし、交換により譲渡する資産の価額と交換により取得する資産の価額との差額を補うための金銭を取得する場合はこれを加算し、その差額を補うための金銭を支払う場合

はこれを控除した金額が課税標準となります。

例えば、時価3,000万円の資産を引渡し、時価2,000万円の資産と1,000万円の金銭の交付を受けた場合、取得した資産の時価2,000万円と取得した金銭1,000万円を合わせた3,000万円が課税標準となります。これに対して、時価3,000万円の資産と2,000万円の金銭を引渡し、時価5,000万円の資産を取得した場合、取得した資産の時価5,000万円から支払った金銭2,000万円を控除した3,000万円が課税標準となります。

③ 低額譲渡の場合

消費税の課税標準は、上記①で見たとおり、実際の取引対価を基礎に算定しますが、法人が資産をその役員に対し、その譲渡時の資産の価額に対し著しく低い対価で譲渡した場合には、例外的に、その譲渡時の価額に相当する金額で課税標準を計算します。ここで資産の価額に対し著しく低い対価とは、その譲渡時における資産の価額に相当する金額のおおむね50％に相当する金額に満たない場合をいいます。

ただし、譲渡資産が棚卸資産の場合で、譲渡対価が、その資産の課税仕入れの金額以上であり、かつ、通常他に販売する価額のおおむね50％に相当する金額以上であるときは、低額譲渡に該当しないものとして、実際の取引対価により課税標準を計算します。

④ みなし譲渡

消費税は、事業として対価を得て行われる資産の譲渡でない限り、かかりません。しかし、その例外として、次に掲げる行為は、事業として対価を得て行われた資産の譲渡とみなされ、消費税の課税対象となります。この場合の消費税の課税標準は、それぞれ次に定める金額をその対価の額とみなして計算します。

なお、棚卸資産について家事消費又は贈与を行った場合には、上記③の低額譲渡の場合と同様に、その資産の課税仕入れの金額以上であり、かつ、通常他に販売する価額のおおむね50％に相当する金額以上で課税標準を計算すれば、これが認められます。

- ア　個人事業者が棚卸資産又は棚卸資産以外の資産で事業の用に供していたものを家事のために消費し、又は使用した場合におけるその消費又は使用…その消費又は使用の時におけるその消費し又は使用した資産の価額に相当する金額
- イ　法人が資産をその役員に対して贈与した場合におけるその贈与…その贈与の時におけるその贈与をした資産の価額に相当する金額

2　輸入取引の課税標準

保税地域から引き取られる課税貨物に係る消費税の課税標準は、関税の課税価格、関税の額及びその課税貨物の保税地域からの引取りに係る消費税以外の消費税等（個別消費税）

の額の合計額となります。

　関税の課税価格とは、輸入取引に関し売手に対し支払われた又は支払われるべき価格に、輸入港に到着するまでの運送に要する運賃や保険料その他運送に係る費用を加えた合計額となり、これをCIF価格といいます。また、消費税以外の消費税等（個別消費税）とは、酒税、たばこ税、揮発油税、地方揮発油税、石油ガス税及び石油石炭税をいいます。

3　税　率

　消費税の税率は、平成26年4月1日現在、8％です。これは、消費税6.3％と地方消費税（消費税額を課税標準とする）1.7％（消費税額の63分の17）の合計になります。なお、平成27年10月1日以降は、10％（消費税7.8％と地方消費税2.2％（消費税額の78分の22））に引き上げられる予定です。

(参考)

　税率については、消費税導入時から次のとおり、推移しています。
　　平成元年4月1日～平成9年3月31日→3％
　　平成9年4月1日～平成26年3月31日→5％（地方消費税1％を含む）

第7節　仕入税額控除

消費税額は、課税標準に対する消費税額から、次の3種類の税額を控除することにより計算します。

① 仕入れに係る消費税額の控除（仕入税額控除）
② 売上げに係る対価の返還等をした場合の消費税額の控除
③ 貸倒れに係る消費税額の控除

このうち、①は前段階税額控除により税の累積を排除するためのもの、②及び③は課税標準に対する消費税額を修正するためのものです。なお、課税標準に対する消費税額から控除することができる上記①の税額を控除対象仕入税額といいます。

1　仕入税額控除の体系

仕入税額控除は、原則的な計算方法である一般課税と、特例的な計算方法である簡易課税に分かれます。一般課税は、さらに全額控除方式、個別対応方式、一括比例配分方式の3つに分かれます。全額控除方式は、その課税期間の課税売上割合が95％以上であり、かつ、その課税期間の課税売上高が5億円以下である場合に認められる計算方法です。これらの条件に該当しない場合、つまり、その課税期間の課税売上高が95％未満である場合、又はその課税期間の課税売上高が5億円超である場合には、個別対応方式と一括比例配分方式を選択適用することができます。個別対応方式は消費税の本来の計算方法、一括比例配分方式はその簡便法と位置づけることができます。

簡易課税は、売上げに係る消費税額から直接、仕入れに係る消費税額を算定する計算方法であり、一定の要件を満たす事業者にのみ認められます。

また、一般課税には、固定資産や棚卸資産に関する税額調整規定があります。簡易課税には、そのような調整規定はありません。

（仕入税額控除）

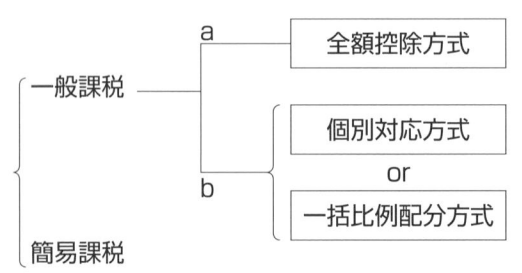

```
               ┌ a ─ 全額控除方式
      ┌ 一般課税 ┤
      │         │     ┌ 個別対応方式
      │         └ b ─ ┤      or
      │               └ 一括比例配分方式
      └ 簡易課税
```

a：課税売上割合95％以上、かつ、課税売上高5億円以下
b：課税売上割合95％未満、又は、課税売上高5億円超

2　全額控除方式

　その課税期間の課税売上割合が95％以上であり、かつ、その課税期間の課税売上高が5億円以下である場合には、その課税期間に係る課税標準額に対する消費税額からその課税期間中に国内において行った課税仕入れに係る消費税額及びその課税期間における保税地域からの引取りに係る課税貨物につき課された又は課されるべき消費税額の合計額を控除します。これを全額控除方式といいます。

　ここでその課税期間における課税売上高とは、その課税期間中に国内において行った課税資産の譲渡等の税抜対価の合計額から、その課税期間における売上げに係る税抜対価の返還等の金額の合計額を控除した残額として計算します。その課税期間が1年未満の場合には、その残額をその課税期間の月数（暦に従って計算し、1月に満たない端数を生じたときは、これを1月とする）で除し、これに12を乗じて計算します。

　また、その課税期間中に国内において行った課税仕入れに係る消費税額は、その課税期間中に国内において行った課税仕入れに係る支払対価の額に108分の6.3を乗じて算定します。

　全額控除方式の算式及び図解を示すと下記のとおりになります。この図で、長方形全体が、その課税期間中に国内において行った課税仕入れに係る消費税額とその課税期間における保税地域からの引取りに係る課税貨物につき課された又は課されるべき消費税額の合計額を表します。そして、全額控除方式ですので、長方形全体が、その課税期間に係る課税標準額に対する消費税額から控除されることになります。

　全額控除方式の場合の控除対象仕入税額

$$= \underbrace{\text{国内において行った課税仕入れに係る消費税額}}_{(=\ \text{課税仕入れに係る支払対価の額}\ \times\ \frac{6.3}{108})} + \text{保税地域からの引取りに係る課税貨物に係る消費税額}$$

（全額控除方式）

```
┌─────────────────────────────────┐
│                                 │
│  国内において行った課税仕入れに係る消費税額  │
│                                 │
│               ＋                │
│                                 │
│       課税貨物に係る消費税額         │
│                                 │
└─────────────────────────────────┘
```

3　個別対応方式

その課税期間の課税売上割合が95％未満である場合、又はその課税期間の課税売上高が5億円超である場合には、全額控除方式は採用できず、個別対応方式又は一括比例配分方式のいずれかを選択適用することになります。

個別対応方式は、下記に掲げる算式により控除対象仕入税額を計算します。

個別対応方式の場合の控除対象仕入税額

= 課税資産の譲渡等のみに要する課税仕入れ及び課税貨物に係る課税仕入れ等の税額の合計額 + 課税資産の譲渡等とその他の資産の譲渡等に共通して要する課税仕入れ及び課税貨物に係る課税仕入れ等の税額の合計額 × 課税売上割合

個別対応方式は、国内において行った課税仕入れに係る消費税額及び保税地域から引き取った課税貨物に係る消費税額を次の3つに区分することを前提に認められる方法です。

ア　課税資産の譲渡等のみに要するもの（課税売上対応）
イ　その他の資産の譲渡等のみに要するもの（非課税売上対応）
ウ　課税資産の譲渡等とその他の資産の譲渡等に共通して要するもの（共通対応）

上記3つに区分していない場合には、個別対応方式は採用できず、後述する一括比例配分方式により税額計算を行うことになります。

① 課税資産の譲渡等のみに要するものとは（課税売上対応）

「課税資産の譲渡等のみに要するもの」とは、課税資産の譲渡等を行うためにのみ必要な課税仕入れ等をいい、例えば、次に掲げるものの課税仕入れ等が該当します。

ア　そのまま他に譲渡される課税資産
イ　課税資産の製造用にのみ消費し、又は使用される原材料、容器、包紙、機械及び装置、工具、器具、備品等
ウ　課税資産に係る倉庫料、運送費、広告宣伝費、支払手数料又は支払加工賃等

課税資産の譲渡等とは、資産の譲渡等のうち、国内取引で非課税とされるもの以外のものをいいます。したがって、国内取引で課税とされるものはもちろん、国外で行う資産の譲渡等も課税資産の譲渡等に含まれます。国外で行う資産の譲渡等には、非課税という考え方がない点に注意が必要です。

例えば、国内で土地を売却すればその取引は非課税取引に該当しますが、国外で土地を売却しても非課税取引には該当しません。もちろん、国外で行う資産の譲渡等が課税資産の譲渡等に該当するとはいっても、消費税は国内取引に対して課されますので、国外取引に対して消費税が課されることはありません。

ただし、国外で土地を売却した場合に、その取引に係る契約書の作成を国内の弁護士に依頼した場合の弁護士費用は課税資産の譲渡等のみに要する課税仕入れに該当します。

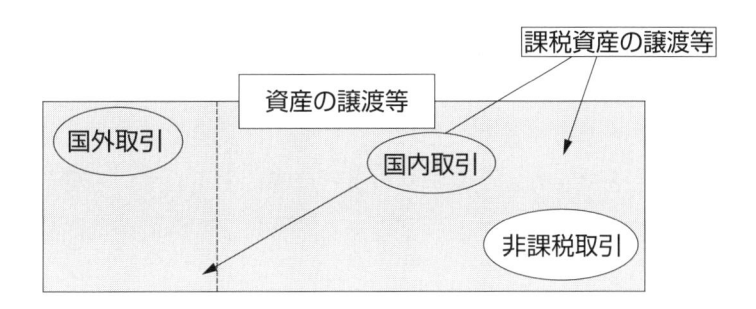

```
        ┌─────────────────────────課税資産の譲渡等┐
        │              資産の譲渡等                  │
        │ ┌─────┐                                    │
        │ │国外取引│        ┌─────┐                  │
        │ └─────┘         │国内取引│  ↙              │
        │                  └─────┘                   │
        │                          ┌─────┐          │
        │                          │非課税取引│       │
        │                          └─────┘          │
        └──────────────────────────────────────────┘
```

なお、課税仕入れ等を行った課税期間においてその課税仕入れ等に対応する課税資産の譲渡等があったかどうかは関係ありません。例えば、当期に商品の仕入れ（課税仕入れ）があったものの、当期中にはその商品は売れなかった場合、当期に課税資産の譲渡等はありませんが、商品仕入れに係る消費税額は、課税資産の譲渡等のみに要するものとして、当期に仕入税額控除を行います。

② その他の資産の譲渡等のみに要するものとは（非課税売上対応）

「その他の資産の譲渡等のみに要するもの」とは、国内において行われる資産の譲渡等のうち非課税となる資産の譲渡等を行うためにのみ必要な課税仕入れ等をいい、例えば、次に掲げるものの課税仕入れ等が該当します。

ア　販売用の土地の取得に係る仲介手数料
イ　土地の譲渡に係る仲介手数料
ウ　有価証券の売買手数料
エ　住宅の賃貸に係る仲介手数料

③ 課税資産の譲渡等とその他の資産の譲渡等に共通して要するものとは（共通対応）

「課税資産の譲渡等とその他の資産の譲渡等に共通して要するもの」には注意が必要です。条文上は、課税売上げと非課税売上げに共通して要するもののみが該当するように読めますが、実務上は、そうではなく、「課税資産の譲渡等のみに要するもの」「その他の資産の譲渡等のみに要するもの」のいずれにも該当しないものが、「課税資産の譲渡等とその他の資産の譲渡等に共通して要するもの」に該当します。

例えば、課税資産と非課税資産の両方に使用する原材料、土地建物を一括譲渡した場合の仲介手数料、通信費・光熱費・交際費などの一般管理費などが該当します。また、株券の発行に当たって印刷業者へ支払う印刷費、贈与・寄附した課税資産の取得費、損害賠償金を得るための弁護士費用など不課税取引のためのものも共通対応に該当します。

課税資産の譲渡等とその他の資産の譲渡等に共通して要するものに該当する課税仕入れ等であっても、例えば、原材料、包装材料、倉庫料、電力料等のように生産実績その他の合理的な基準により課税資産の譲渡等にのみ要するものとその他の資産の譲渡等にのみ要

するものとに区分することが可能なものについてその合理的な基準により区分して個別対応方式を適用することも認められます。

ここで区分することが可能なものとは、課税売上げ又は非課税売上げと明確かつ直接的な対応関係があることにより、生産実績のように既に実現している事象の数値のみによって算定される割合で、その合理性が検証可能な基準により機械的に区分することが可能な課税仕入れ等をいいます。

例えば、土地と建物を一括して譲渡し、仲介手数料を支払った場合には、この仲介手数料は、課税資産の譲渡等とその他の資産の譲渡等に共通して要するものに該当します。この場合、譲渡代金を土地の部分と建物の部分とに合理的に区分していれば、その譲渡代金の割合で課税資産の譲渡等にのみ要するものとその他の資産の譲渡等にのみ要するものとに区分したところにより個別対応方式を適用することができます。

（例）

土地と建物を一括して1億円で譲渡（土地の譲渡代金7,000万円、建物の譲渡代金3,000万円）し、仲介手数料3,304,800円（税込）を支払った場合、この仲介手数料は、原則として、共通対応の課税仕入れ等になります。

一方、土地と建物を一括して譲渡した場合には、その譲渡代金を土地と建物とに合理的に区分することとされています。したがって、土地と建物を一括して譲渡した場合において、その譲渡代金を土地と建物とに合理的に区分していれば、その譲渡代金の割合で仲介手数料を課税売上対応と非課税売上対応に区分したところにより個別対応方式を適用することもできます。

（原則）　仲介手数料3,304,800円…共通対応

（特例）　$3,304,800円 \times \dfrac{7,000万円}{(7,000万円 + 3,000万円)} = 2,313,360円$（非課税対応）

$3,304,800円 \times \dfrac{3,000万円}{(7,000万円 + 3,000万円)} = 991,440円$（課税対応）

④　個別対応方式の考え方

個別対応方式は、このように課税仕入れ等に係る消費税額を3つに区分した上で、その区分ごとに仕入税額控除の方法が次のとおり決められています。

① 課税資産の譲渡等のみに要するもの（課税売上対応）→全額控除

② その他の資産の譲渡等のみに要するもの（非課税売上対応）→控除不可

③ 課税資産の譲渡等とその他の資産の譲渡等に共通して要するもの（共通対応）
　→課税売上割合で按分

課税売上対応課税仕入れについては、課税標準額に対する消費税額からその全額を控除

することができます。

　非課税売上げは消費税が課されていないので、非課税売上対応課税仕入れについては、実際に消費税額を支払っていますが、これを仕入税額控除として課税標準額に対する消費税額から控除することは認められません。個別対応方式は、この点を理解することが重要です。

　共通対応課税仕入れについては、課税資産の譲渡等に対応する部分は控除可、その他の資産の譲渡等に対応する部分は控除不可となりますが、これを按分する基準として、次に説明する課税売上割合を使用することが原則とされます。

⑤　課税売上割合

　課税売上割合は、次の算式により算定します。

課税売上割合

$$= \frac{その課税期間中に国内において行った課税資産の譲渡等の対価の額}{その課税期間中に国内において行った資産の譲渡等の対価の額}$$

$$= \frac{課税売上高 + 免税売上高}{課税売上高 + 免税売上高 + 非課税売上高}$$

（注1）課税売上高は税抜対価で計算
（注2）分母、分子ともに対価の返還等の金額を控除
（注3）貸倒れについては、貸倒れとなった金額は控除せず、また貸倒れを回収した金額は含めない。
（注4）分母の非課税売上高のうち、有価証券又は金銭債権の譲渡を行った場合には、譲渡対価の額の5％相当額を算入する（合資会社、合名会社、合同会社、協同組合等の持分の譲渡を行った場合には、譲渡対価の全額を算入する）。
（注5）非課税資産の輸出及び国外への資産の輸出は課税資産の譲渡等とみなす。
　　　　非課税資産の輸出とは、非課税資産の譲渡等のうち輸出取引等に該当するもので、このような取引が行われた場合には、その譲渡対価の額を課税売上高として課税売上割合を算定します。身体障害者用物品の輸出、非居住者からの貸付金利息などが該当します。この規定を適用するには、非課税資産の譲渡等が輸出取引等に該当することにつき一定の証明がされることが必要です。
　　　　また、国外における資産の譲渡等又は自己の使用のため、資産が輸出された場合には、本船甲板渡し価格（FOB価格）（輸送船等に積み込むまでにかかったすべての費用の合計額）を課税売上高として課税売上割合を算定します。国外支店への棚卸資産の輸出、国外で使用する備品の輸出などが該当します。この規定を適用するには、資産が輸出されたことにつき一定の証明がされることが必要です。
　　　　なお、これらの規定は、課税売上割合の算定上、考慮するものであり、課税標準額の算定には関係させません。また、有価証券、支払手段、金銭債権の輸出は対象外です。

　課税売上割合は、上記算式にあるとおり、課税売上げ・非課税売上げの合計に占める課

税売上げの割合です。個別対応方式では、共通対応分の課税仕入れ等に係る消費税額をこの課税売上割合で按分し、課税売上対応分を仕入税額控除の対象とします。

個別対応方式では、このように課税仕入れ等を課税売上対応、非課税売上対応、共通対応の3種類に区分することが必要です。したがって、例えば、課税売上対応のみを区分し、それ以外のものをすべて共通対応とすることは認められません。

また、この区分は、原則として、課税仕入れを行った日又は課税貨物を引き取った日の状況により行うことになりますが、課税仕入れを行った日又は課税貨物を引き取った日において、その区分が明らかにされていない場合で、その日の属する課税期間の末日までに、その区分が明らかにされたときは、その明らかにされた区分によって計算することができます。

個別対応方式を図解すると下記のとおりになります。

(個別対応方式)

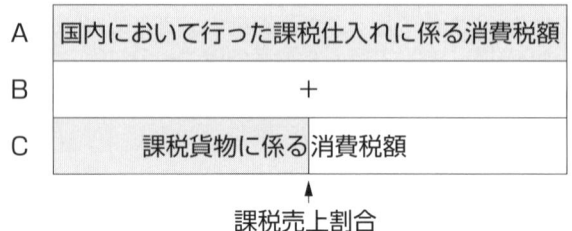

A	国内において行った課税仕入れに係る消費税額
B	＋
C	課税貨物に係る 消費税額

↑ 課税売上割合

A：課税売上対応
B：非課税売上対応
C：共通対応

この図で、長方形全体が、その課税期間中に国内において行った課税仕入れに係る消費税額とその課税期間における保税地域からの引取りに係る課税貨物につき課された又は課されるべき消費税額の合計額を表します。そして、個別対応方式ですので、課税売上対応（A）についてはその全体、共通対応（C）については課税売上割合で按分された部分が、それぞれその課税期間に係る課税標準額に対する消費税額から控除されることになります。非課税売上対応（B）については、その全体が控除できません。

⑥ 課税売上割合に準ずる割合

このように個別対応方式では、共通対応部分について課税売上割合で按分し控除額を計算します。しかし、課税売上割合は、その課税期間の課税売上高の金額や非課税売上高の金額に影響を受けます。そこで、課税仕入れ等の性格に応じ、課税売上げとの対応関係をより合理的に反映している割合を採用することも認められています。これを課税売上割合に準ずる割合といいます。

課税売上割合に準ずる割合を採用するには、次の要件を満たす必要があります。

ア　その割合がその事業者の営む事業の種類又はその事業に係る販売費、一般管理費そ

の他の費用の種類に応じ合理的に算定されるものであること
　イ　その割合を用いて計算することにつき、その納税地を所轄する税務署長の承認を受けたものであること

　例えば、使用人の数又は従事日数の割合、消費又は使用する資産の価額、使用数量、使用面積の割合その他課税売上げと非課税売上げに共通して要するものの性質に応ずる合理的な基準により算出した割合が該当します。合理的に算定される割合であるかどうかは、共通対応課税仕入れの性質に応じて、事業の実態に応じた合理的な配分基準といえるかどうかにより判定されます。

　課税売上割合に準ずる割合は、事業者が行う事業の全部について同一の割合を適用する必要はなく、例えば、次の方法によることもできます。
　ア　その事業者の営む事業の種類の異なるごとにそれぞれ異なる課税売上割合に準ずる割合を適用する方法
　イ　その事業者の事業に係る販売費、一般管理費その他の費用の種類の異なるごとにそれぞれ異なる課税売上割合に準ずる割合を適用する方法
　ウ　その事業者の事業に係る事業上の単位ごとにそれぞれ異なる課税売上割合に準ずる割合を適用する方法

　課税売上割合に準ずる割合は、税務署長の承認を受ける必要がありますので、承認申請書は、余裕をもって提出することが望ましいといえます。課税売上割合に準ずる割合は、承認を受けた課税期間から適用されます。いったん承認を受けた後は、課税売上割合に準ずる割合を適用して計算しなければなりません。課税売上割合と課税売上割合に準ずる割合のいずれか有利な計算方法を適用できるわけではないので注意が必要です。

　また、その課税期間における課税売上高が５億円以下である場合に、課税売上割合が95％以上であるかどうかの判定は、課税売上割合に準ずる割合につき税務署長の承認を受けているかどうかにかかわらず、課税売上割合によって判定することになります。さらに、課税売上割合に準ずる割合は、後述する、一括比例配分方式には適用できません。

　課税売上割合に準ずる割合の適用を止める場合には、不適用届出書を提出する必要があります。この場合には、不適用届出書を提出した課税期間からその適用があります。

　たまたま土地の譲渡があった場合については、国税庁の質疑応答事例により次のような取扱いが認められています。すなわち、土地の譲渡が単発のものであり、かつ、その土地の譲渡がなかったとした場合には、事業の実態に変動がないと認められる場合に限り、次のア又はイの割合のいずれか低い割合により課税売上割合に準ずる割合の承認が与えられます。
　ア　その土地の譲渡があった課税期間の前３年に含まれる課税期間の通算課税売上割合
　イ　その土地の譲渡があった課税期間の前課税期間の課税売上割合

(注1) 土地の譲渡がなかったとした場合に、事業の実態に変動がないと認められる場合とは、事業者の営業の実態に変動がなく、かつ、過去3年間で最も高い課税売上割合と最も低い課税売上割合の差が5％以内である場合とします。
(注2) この課税売上割合に準ずる割合の承認は、たまたま土地の譲渡があった場合に行うものですから、当該課税期間において適用したときは、翌課税期間において不適用届出書を提出する必要があります。なお、提出がない場合には、その承認が取り消されます。

4　一括比例配分方式

一括比例配分方式は、その課税期間の課税売上割合が95％未満である場合、又はその課税期間の課税売上高が5億円超である場合に採用することができる計算方法です。

一括比例配分方式は、下記に掲げる算式により控除対象仕入税額を計算します。

一括比例配分方式の場合の控除対象仕入税額 ＝ 課税仕入れ及び課税貨物に係る課税仕入れ等の税額の合計額 × 課税売上割合

その課税期間の課税売上割合が95％未満である場合、又はその課税期間の課税売上高が5億円超である場合には、本来、個別対応方式により計算することが、消費税法の趣旨に沿うことになると考えられますが、既に見たとおり、個別対応方式は課税仕入れ等に係る消費税額を売上げとの対応関係で3つに区分しなければなりません。これは実務的に煩雑になる場合も予想されます。

そこで、個別対応方式に代え、一種の簡便法として認められているのが、一括比例配分方式です。一括比例配分方式では、課税仕入れ等に係る消費税額を区分することなく、課税売上割合を乗ずることにより控除対象仕入税額を算定するところに特徴があります。

一括比例配分方式を採用した場合、その課税期間の初日から同日以後2年を経過する日までの間に開始する各課税期間において継続適用した後の課税期間でなければ、個別対応方式を選択することはできません。個別対応方式から一括比例配分方式への変更はいつでもできますが、一括比例配分方式から個別対応方式への変更はこのように2年間の継続要件があるので留意が必要です。

なお、一括比例配分方式を採用した課税期間の翌課税期間以後に課税売上高が5億円以下で、かつ、課税売上割合が95％以上となったため全額控除が適用される場合も、一括比例配分方式を継続適用したことになります。

一括比例配分方式を図解すると、下記のとおりになります。

(一括比例配分方式)

```
┌─────────────────────────────────────────┐
│ 国内において行った課税仕入れに係る消費税額  │
│                +                         │
│        課税貨物に係る消費税額              │
└─────────────────────────────────────────┘
                        ↑
                    課税売上割合
```

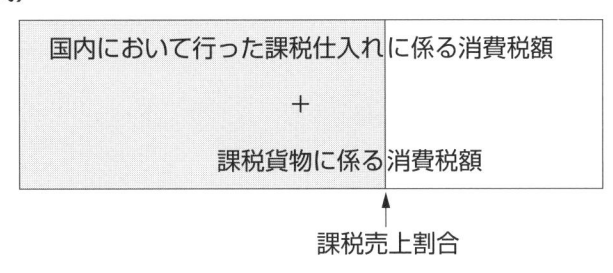

　この図で、長方形全体が、その課税期間中に国内において行った課税仕入れに係る消費税額とその課税期間における保税地域からの引取りに係る課税貨物につき課された又は課されるべき消費税額の合計額を表します。そして、一括比例配分方式ですので、課税仕入れ等に係る消費税額を区分することなく、その全体について課税売上割合で按分された部分が、その課税期間に係る課税標準額に対する消費税額から控除されることになります。個別対応方式の場合の課税売上対応、非課税売上対応、共通対応のいずれについても課税売上割合相当分が控除されることになります。

5　仕入れに係る対価の返還等

　事業者が、国内において行った課税仕入れにつき、値引きや返品等の仕入れに係る対価の返還等を受けた場合には、全額控除方式、個別対応方式、一括比例配分方式のいずれを採用している場合であっても、その値引きや返品等に係る消費税額を控除対象仕入税額から控除します。

　仕入れに係る対価の返還等には、仕入返品、仕入値引き、仕入割戻し、仕入割引が該当します。この他にも、例えば、販売促進の目的で販売数量や販売高等に応じて取引先から金銭により支払われる販売奨励金等や、協同組合等が組合員に支払う事業分量配当金のうち販売分量等に応じた部分の金額などが仕入れに係る対価の返還等に該当します。

　消費税法では、仕入れに係る対価の返還等については、対価の返還等を受けた日の属する課税期間の課税仕入れ等の税額の合計額から控除するのが原則です。しかし、実務上の配慮から、課税仕入れ等の金額から返品額、値引額、割戻額を控除する経理処理を継続している場合には、そのような方法も認められます。

　仕入れに係る対価の返還等を受けた金額に係る消費税額の合計額を、その仕入れに係る対価の返還等を受けた日の属する課税期間における課税仕入れ等の税額の合計額から控除して控除しきれない金額があるときは、その控除しきれない金額を課税資産の譲渡等に係る消費税額とみなして課税標準額に対する消費税額に加算します。

　なお、免税事業者であった課税期間において行った課税仕入れについて、課税事業者となった課税期間において仕入れに係る対価の返還等を受けた場合には、その対価の返還等

については、調整されないことに注意が必要です。

6　輸入に係る仕入税額控除

　消費税の仕入税額控除の対象となるのは、国内において行った課税仕入れのほか、保税地域からの課税貨物の引取りがあります。この保税地域から引き取った課税貨物に課された又は課されるべき消費税額について仕入税額控除を受けるべき者は、その貨物を引き取った者（輸入申告を行う者）となります。

　課税貨物の引取りについて控除対象仕入税額の計算の基礎となる消費税額は、その課税貨物につき課された又は課されるべき消費税額です。

　輸入については、輸入申告と納税申告は、原則として、同時に行われます。すなわち、輸入の際、貨物が陸揚げされ、保税地域に搬入されます。そこで、輸入者は、輸入しようとする貨物の品名や課税標準などを税関長に申告します（輸入申告）。輸入貨物には、関税、消費税、地方消費税が課されますが、輸入者が自ら申告納税することにより税額が確定する申告納税方式が採用されています（納税申告）。

　ただし、あらかじめ税関長の承認を受けた場合には、輸入申告と納税申告を分離し、納税申告の前に貨物を引き取ることができる特例輸入申告制度もあります。この場合には、輸入申告を先に行い、輸入の許可を受け貨物を引き取った後に特例申告を行います。

7　帳簿及び請求書等の保存

　仕入税額控除は、事業者がその課税期間の課税仕入れ等について一定の帳簿及び請求書等を保存することによりその適用が認められます。

　ただし、課税仕入れに係る支払対価の額が３万円未満である場合、及び３万円以上であっても、請求書等の交付を受けなかったことにつきやむを得ない理由があるとき（やむを得ない理由及び課税仕入れの相手方の住所又は所在地を帳簿に記載している場合に限る（電車等の旅客運賃、郵便料金等は、相手方の住所の記載は不要））は、請求書等の保存は不要です。３万円未満であるかどうかは、一回の取引の課税仕入れに係る税込の金額で判定します。課税仕入れに係る一商品ごとの税込金額で判定するわけではありません。

　請求書等の交付を受けなかったことにつきやむを得ない理由があるときとは、次のとおりになります。

①　自動販売機を利用した場合
②　入場券、乗車券、搭乗券等のように証明書類が回収されることとなっている場合
③　課税仕入れを行った者が課税仕入れの相手方に請求書等の交付を請求したが、交付を受けられなかった場合

④ 課税仕入れを行った場合において、その課税仕入れを行った課税期間の末日までにその支払対価の額が確定していない場合（その後支払対価の額が確定した時に請求書等を保存）

⑤ その他、これらに準ずる理由により請求書等の交付を受けられなかった場合

帳簿とは、次に掲げるものをいいます。
① 課税仕入れに係るものである場合…次に掲げる事項が記載されているもの
　ア　課税仕入れの相手方の氏名又は名称
　イ　課税仕入れを行った年月日
　ウ　課税仕入れに係る資産又は役務の内容
　エ　課税仕入れに係る支払対価の額
② 保税地域からの引取りに係るものである場合…次に掲げる事項が記載されているもの
　ア　課税貨物を保税地域から引き取った年月日
　イ　課税貨物の内容
　ウ　課税貨物の引取りに係る消費税額及び地方消費税額又はその合計額

請求書等とは、次に掲げる書類をいいます。
① 事業者に対し課税資産の譲渡等を行う他の事業者が、その課税資産の譲渡等につきその事業者に交付する請求書、納品書そのたこれらに類する書類で次に掲げる事項が記載されているもの
　ア　書類の作成者の氏名又は名称
　イ　課税資産の譲渡等を行った年月日
　ウ　課税資産の譲渡等に係る資産又は役務の内容
　エ　課税資産の譲渡等の対価の額（税込対価）
　オ　書類の交付を受ける事業者の氏名又は名称（小売業、飲食店業等の場合は記載不要）
② 事業者がその行った課税仕入れにつき作成する仕入明細書、仕入計算書その他これらに類する書類で次に掲げる事項が記載されているもの（相手方の確認を受けたものに限る）
　ア　書類の作成者の氏名又は名称
　イ　課税仕入れの相手方の氏名又は名称
　ウ　課税仕入れを行った年月日
　エ　課税仕入れに係る資産又は役務の内容
　オ　課税仕入れに係る支払対価の額（税込対価）

③ 課税貨物を保税地域から引取る事業者が交付を受ける輸入許可書等で次に掲げる事項が記載されているもの
　ア　保税地域の所在地を所轄する税関長
　イ　課税貨物を保税地域から引き取ることができることとなった年月日
　ウ　課税貨物の内容
　エ　課税貨物に係る消費税の課税標準である金額、引取りに係る消費税額及び地方消費税額
　オ　書類の交付を受ける事業者の氏名又は名称

8　簡易課税制度

　今まで述べてきた仕入税額控除の計算は、大変複雑で、特に小規模事業者には大きな事務負担となる可能性があります。そこで、小規模事業者の事務負担に配慮して、仕入税額控除の計算について簡易な方法が認められています。これが簡易課税制度（中小事業者の仕入れに係る消費税額の控除の特例）です。

　簡易課税制度では、控除対象仕入税額を、課税標準額に対する消費税額をもとに算定します。課税標準額に対する消費税額が計算できれば、これにみなし仕入率を適用することにより、納税額を計算することができる点に簡易課税制度の特徴があります。

　既に述べた一般課税の場合は、課税標準額に対する消費税額と控除対象仕入税額は、それぞれ別々に算定します。これに対し、簡易課税制度においては、控除対象仕入税額は課税標準額に対する消費税額をもとに算定するため、一般課税よりは税額計算が簡易になると考えられます。

　また、みなし仕入率は、100％に満たないため、簡易課税制度を適用する場合、原則として、還付はなく、ほとんどの場合、納税になるという特徴があります。

$$控除対象仕入税額 = 課税標準額に対する消費税額_{(注)} \times みなし仕入率$$

（注）売上げに係る対価の返還等に係る消費税額は控除し、貸倒れの回収に係る消費税額は加算します。

(1) みなし仕入率

　みなし仕入率は、事業の種類に応じて、次のとおり定められています。事業者が行う事業がいずれに該当するかの判定は、原則として、その事業者が行う課税資産の譲渡等ごとに行います。また、第3種事業及び第5種事業の範囲は、おおむね日本標準産業分類の大分類に掲げる分類を基礎として判定します。第5種事業とされる、不動産業、運輸通信業及びサービス業とは、日本標準産業分類の大分類に掲げる次の産業をいいます。

　㋐情報通信業、㋑運輸業、郵便業、㋒不動産業、物品賃貸業、㋓学術研究、専門・技術

サービス業、㊥宿泊業、飲食サービス業（飲食サービス業に該当するものを除く）、㋕生活関連サービス業、娯楽業、㋖教育、学習支援業、㋗医療、福祉、㋘複合サービス事業、㋙サービス業（他に分類されないもの）

① **第1種事業…90％**

卸売業（他の者から購入した商品をその性質及び形状を変更しないで他の事業者に対して販売する事業）

② **第2種事業…80％**

小売業（他の者から購入した商品をその性質及び形状を変更しないで販売する事業で第1種事業以外のもの）

③ **第3種事業…70％**

農業、林業、漁業、鉱業、建設業、製造業（製造小売業を含む）、電気業、ガス業、熱供給業及び水道業（第1種事業又は第2種事業に該当するもの及び加工賃その他これに類する料金を対価とする役務の提供を行う事業を除く）

④ **第4種事業…60％**

第1種事業から第3種事業、及び第5種事業以外の事業（具体的には、飲食店業、金融・保険業などが該当、また、第3種事業から除かれる加工賃その他これに類する料金を対価とする役務の提供を行う事業も第4種事業に該当）

⑤ **第5種事業…50％**

不動産業、運輸通信業、サービス業（飲食店業に該当する事業を除く）（第1種事業から第3種事業に該当する事業を除く）

(注) 平成26年度税制改正により、平成27年4月1日以後に開始する課税期間から、金融・保険業は第5種事業（50％）、不動産業は第6種事業（40％）になります。ただし、①平成26年10月1日前に簡易課税制度選択届出書を提出した事業者で、②平成27年4月1日以後に開始する課税期間につき2年間の継続適用を受けるものについては、その届出書を提出した日の属する課税期間の翌課税期間の初日から2年を経過する日の属する課税期間の末日の翌日以後に開始する課税期間について適用されます（経過措置）。

このような経過措置があるため、簡易課税制度選択届出書の提出時期により、改正後のみなし仕入率の適用時期が異なる場合がありますので、留意する必要があります。

(例) 不動産業 (3月決算)

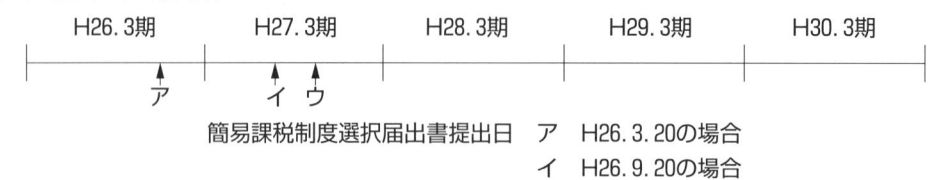

```
   H26.3期    H27.3期    H28.3期    H29.3期    H30.3期
|―――――――|―――――――|―――――――|―――――――|―――――――|
        ↑       ↑↑
        ア      イウ
```

簡易課税制度選択届出書提出日　ア　H26.3.20の場合
　　　　　　　　　　　　　　　イ　H26.9.20の場合
　　　　　　　　　　　　　　　ウ　H26.10.20の場合

	ア	イ	ウ
H26.3期	一般	一般	一般
H27.3期	簡易（第5種）	一般	一般
H28.3期	簡易（第5種）(注)	簡易（第5種）(注)	簡易（第6種）
H29.3期	簡易（第6種）	簡易（第5種）(注)	簡易（第6種）
H30.3期	簡易（第6種）	簡易（第6種）	簡易（第6種）

(注) 経過措置適用あり

(2) 複数の事業を営む場合のみなし仕入率

簡易課税の事業区分は、原則として、資産の譲渡等ごと、すなわち取引単位ごとに判定する必要があります。複数の事業を営んでいる場合には、すべての事業に係るみなし仕入率を加重平均して算定します。なお、事業者が課税資産の譲渡等につき、事業の種類ごとの区分をしていない場合は、その事業者が行っている事業のうち、最も低いみなし仕入率が適用されます。

$$みなし仕入率 = \frac{A1 \times 90\% + A2 \times 80\% + A3 \times 70\% + A4 \times 60\% + A5 \times 50\%}{A}$$

A：その課税期間の課税標準額に対する消費税額（対価の返還等に係る消費税額控除後の残額）
A1：第1種事業に係る消費税額（対価の返還等に係る消費税額控除後の残額）
A2：第2種事業に係る消費税額（対価の返還等に係る消費税額控除後の残額）
A3：第3種事業に係る消費税額（対価の返還等に係る消費税額控除後の残額）
A4：第4種事業に係る消費税額（対価の返還等に係る消費税額控除後の残額）
A5：第5種事業に係る消費税額（対価の返還等に係る消費税額控除後の残額）

複数の事業を営む事業者で、そのうち特定の1つの事業の課税売上高（税抜対価の返還等の金額を控除した残額）が、全体の75％以上である場合には、その事業のみなし仕入率を適用することができます。

また、複数の事業を営む事業者で、そのうち特定の2つの事業の課税売上高の合計額が、全体の75％以上である場合には、その2つの事業のうちみなし仕入率の高い事業についてはその事業に係るみなし仕入率を適用し、その他の事業については低い方のみなし仕入率

を適用することもできます。

（例）

① 課税売上高3,500万円

　内訳　第１種事業　2,800万円（80％）

　　　　第２種事業　　700万円（20％）

　判定　第１種事業　80％ ≧ 75％

　→全体に第１種事業のみなし仕入率90％を適用することができる

② 課税売上高4,000万円

　内訳　第１種事業1,200万円（30％）

　　　　第３種事業2,000万円（50％）

　　　　第５種事業　800万円（20％）

　判定　第１種事業30％ ＋ 第３種事業50％ ＝ 80％ ≧ 75％

　→第１種事業にはみなし仕入率90％、その他には第３種事業のみなし仕入率70％を適用することができる

(3) 適用要件

簡易課税制度を適用するには、次の２つの要件を満たす必要があります。

① 基準期間における課税売上高が5,000万円以下であること

基準期間における課税売上高については、納税義務者の章を参照してください。

② 簡易課税制度選択届出書を提出すること

簡易課税制度の適用を受けるためには、簡易課税制度選択届出書を納税地の所轄税務署長に提出する必要があります。簡易課税制度選択届出書は、原則として、提出した課税期間の翌課税期間から効力が生じます。したがって、簡易課税制度の適用を受けようとする課税期間の前課税期間中に提出する必要があります。

ただし、その届出書を提出した日の属する課税期間が、事業者が国内において課税資産の譲渡等に係る事業を開始した日の属する課税期間である場合には、簡易課税制度の適用開始時期を、その提出をした日の属する課税期間からとするか、又は提出をした日の属する課税期間の翌課税期間からとするかの選択をすることができます。

また、いったん簡易課税制度選択届出書を提出するとその効力は維持されます。簡易課税制度の適用を止める場合には、簡易課税制度選択不適用届出書を納税地の所轄税務署長に提出する必要があります。簡易課税選択不適用届出書の効力は、提出した課税期間の翌課税期間から生じます。したがって、簡易課税制度の適用を止めようとする課税期間の前課税期間中に提出する必要があります。

ただし、この届出書は、事業を廃止した場合を除き、簡易課税の効力が生じる課税期間の初日から2年を経過する日の属する課税期間の初日以後でなければ提出することができません。つまり、簡易課税制度を選択すると、最低2年間は簡易課税制度を適用しなければならないということです。

なお、簡易課税制度選択届出書及び簡易課税制度選択不適用届出書は、免税事業者であっても提出することができます。

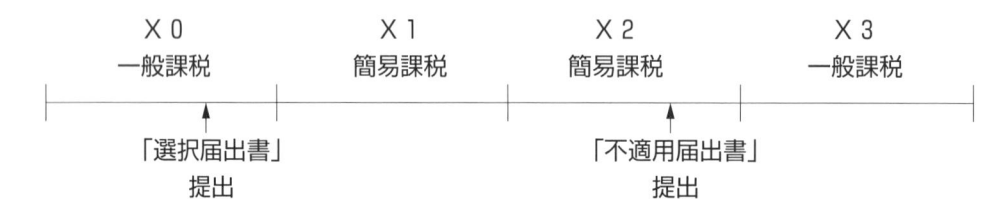

X0	X1	X2	X3
一般課税	簡易課税	簡易課税	一般課税

「選択届出書」提出 → X0期間中
「不適用届出書」提出 → X2期間中

（解説）X0事業年度に簡易課税制度選択届出書を提出しているため、X1事業年度より簡易課税制度の適用があります。したがって、簡易課税制度選択不適用届出書は、X2事業年度以降に提出することができます。仮にX2事業年度に簡易課税不適用届出書を提出すれば、X3事業年度より一般課税となります。

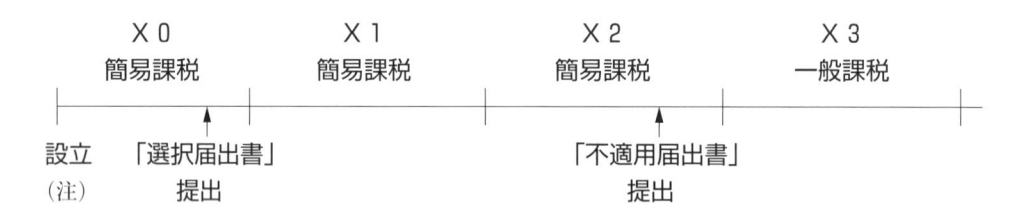

X0	X1	X2	X3
簡易課税	簡易課税	簡易課税	一般課税

設立（注）「選択届出書」提出 → X0期間中
「不適用届出書」提出 → X2期間中

（注）課税資産の譲渡等に係る事業開始、設立事業年度より納税義務あり、設立事業年度より簡易課税を選択

（解説）X0事業年度に簡易課税制度選択届出書を提出していますが、X0事業年度は課税資産の譲渡等に係る事業を開始した事業年度であるため、納税者はX0事業年度から簡易課税制度を適用するか、あるいはX1事業年度から簡易課税制度を適用するかの選択をすることができます。設例では、X0事業年度から簡易課税制度を適用しています。したがって、簡易課税制度選択不適用届出書はX2事業年度以降に提出することができます。仮にX2事業年度に簡易課税不適用届出書を提出すればX3事業年度より一般課税となります。

9　売上げに係る対価の返還等をした場合の消費税額の控除

事業者が、国内において行った課税資産の譲渡等につき、返品を受け、又は値引き若しくは割戻しをしたことにより、その課税資産の譲渡等の対価の額につき売上げに係る対価の返還等をした場合には、その売上げに係る対価の返還等をした日の属する課税期間の課

税標準額に対する消費税額からその課税期間において行った売上げに係る対価の返還等の金額に係る消費税額の合計額を控除します。なお、課税標準額に対する消費税額から控除して、控除しきれない金額がある場合には、還付されます。

　このように、課税資産の譲渡等について、返品や値引きをした場合には、その課税期間の売上げに係る消費税額から、返品や値引き等に係る消費税額を控除します。これは、売上げに係る消費税額（課税標準額に対する消費税額）は、値引き・返品考慮前の総売上高に基づき計算し、値引き・返品等があれば、別途、これらに係る消費税額を課税標準額に対する消費税額から控除することを意味します。つまり、課税資産の譲渡等を行った後、値引き・返品等があれば、課税標準額を調整するのではなく、課税標準額に対する消費税額を修正することになります。

　しかし、値引き・返品等については、一般的に、その課税期間中の総売上高からこれらの金額を控除し、その控除後の金額（純売上高）を課税資産の譲渡等に係る対価の額とする経理処理が行われていることから、継続要件を前提にこのような処理も認められます。これは、課税標準額に対する税額を調整するのではなく、課税標準額を修正する方法です。

　総売上高　　　　　　20,000（消費税額1,260）
　値引き・返品等　　△1,000（消費税額　　63）
　純売上高　　　　　　19,000（消費税額1,197）

（原則）　課税標準額　　　　　　　　　　　20,000
　　　　　課税標準額に対する消費税額　　　 1,260
　　　　　売上対価の返還等に係る消費税額　　　63
　　　　　差引消費税額　　　　　　　　　　 1,197
（例外）　課税標準額　　　　　　　　　　　19,000
　　　　　課税標準額に対する消費税額　　　 1,197
　　　　　売上対価の返還等に係る消費税額　　　―
　　　　　差引消費税額　　　　　　　　　　 1,197

　売上げに係る対価の返還等には、売上返品、売上値引き、売上割戻し、売上割引が該当します。この他にも、例えば、販売促進の目的で販売数量や販売高等に応じて取引先に金銭を支払う販売奨励金等や、協同組合等が組合員に支払う事業分量配当金のうち販売分量等に応じた部分の金額などが売上げに係る対価の返還等に該当します。

　ただし、課税資産の譲渡等を行ったときに免税事業者であった場合には、その後、課税事業者となったときに値引き・返品等があったとしても、税額控除はできません。これとは逆に、課税資産の譲渡等を行ったときに課税事業者であったとしても、その後、免税事

業者となったときに値引き・返品等が行われた場合にも、税額控除はできません。また、輸出免税に該当する売上げに係る値引き・返品等についても、税額控除は認められません。

売上げに係る対価の返還等について税額控除を行うためには、事業者が売上げに係る対価の返還等をした金額の明細を記録した帳簿を保存する必要があります。具体的には、次に掲げる事項が記載された帳簿の保存が必要です。なお、小売業、飲食店業等の場合は、アは記載不要です。

　ア　売上げに係る対価の返還等を受けた者の氏名又は名称
　イ　売上げに係る対価の返還等を行った年月日
　ウ　売上げに係る対価の返還等の内容
　エ　売上げに係る対価の返還等をした金額

10　貸倒れに係る消費税額の控除

事業者が、国内において課税資産の譲渡等を行った場合において、その課税資産の譲渡等の相手方に対する売掛金その他の債権につき貸倒れが生じたため、その課税資産の譲渡等の税込対価の全部又は一部の領収をすることができなくなったときは、その領収をすることができないこととなった日の属する課税期間の課税標準額に対する消費税額から、その領収することができなくなった課税資産の譲渡等の税込価額に係る消費税額を控除します。なお、課税標準額に対する消費税額から控除して、控除しきれない金額がある場合には、還付されます。

貸倒れの範囲は、以下のとおりです。

①　法律上の貸倒れ

　ア　更生計画認可の決定により債権の切捨てがあったこと
　イ　再生計画認可の決定により債権の切捨てがあったこと
　ウ　特別清算に係る協定の認可の決定により債権の切捨てがあったこと
　エ　関係者の協議決定で次に掲げるものにより債権の切捨てがあったこと
　　　a　債権者集会の協議決定で合理的な基準により債務者の負債整理を定めているもの
　　　b　行政機関又は金融機関その他の第三者のあっせんによる当事者間の協議により締結された契約でその内容がaに準ずるもの
　オ　債務者の債務超過の状態が相当期間継続し、その債務を弁済できないと認められる場合において、その債務者に対し書面により債務の免除を行ったこと

②　事実上の貸倒れ

債権に係る債務者の財産の状況、支払能力等からみてその債務者が債務の全額を弁済で

きないことが明らかであること

③　形式上の貸倒れ

債務者について次に掲げる事実が生じた場合において、その債務者に対して有する債権につき、債権額から備忘価額を控除した残額を貸倒れとして経理したこと

ア　継続的な取引を行っていた債務者につきその資産の状況、支払能力等が悪化したことにより、その債務者との取引を停止した時（最後の弁済期又は最後の弁済の時がその取引を停止した時以後である場合には、これらのうち最も遅い時）以後1年以上経過した場合（その債権について担保物がある場合を除く）

イ　同一地域の債務者について有するその債権の総額がその取立てのために要する旅費その他の費用に満たない場合において、その債務者に対し支払を督促したにもかかわらず弁済がないとき

ただし、課税資産の譲渡等を行ったときに免税事業者であった場合には、その後、課税事業者となったときに貸倒れがあったとしても、税額控除はできません。これとは逆に、課税資産の譲渡等を行ったときに課税事業者であったとしても、その後、免税事業者となったときに貸倒れとなった場合にも、税額控除はできません。また、輸出免税に該当する売上げに係る貸倒れについても、税額控除は認められません。

貸倒れの税額控除の適用を受けた事業者が、その適用を受けた課税資産の譲渡等の税込価額の全部又は一部の領収をしたときは、その領収をした税込価額に係る消費税額を課税資産の譲渡等に係る消費税額とみなして、その領収をした日の属する課税期間の課税標準額に対する消費税額に加算します。

貸倒れの税額控除の適用を受けるには、その債権につき貸倒れの事実が生じたことを証する書類を保存しておく必要があります。

11　調整対象固定資産に係る調整

①　調整の意義

消費税の仕入税額控除の計算は、仕入時の状況により行いますが、固定資産については、長期にわたり利用するため、その後の状況次第では、仕入時に行った仕入税額控除の計算を調整する方が適切な場合が生じます。このような観点から、課税売上割合が著しく変動した場合や、調整対象固定資産を課税業務用から非課税業務用へ、又は非課税業務用から課税業務用へ転用した場合に一定の調整を行うこととしています。

②　調整対象固定資産

調整対象固定資産とは、次に掲げる資産（棚卸資産を除く）で税抜対価の金額が、一の

取引の単位(通常一組又は一式をもって取引の単位とされるものにあっては、一組又は一式とする)につき100万円以上のものをいいます。100万円以上かどうかの判定の基礎となる税抜対価の金額には、その資産の購入のために要する引取運賃、荷役費等又はその資産を事業の用に供するために必要な課税仕入れに係る支払対価の額は含まれません。

ア　建物及びその附属設備
イ　構築物(ドック、端、軌道、貯水池等)
ウ　機械及び装置
エ　船舶
オ　航空機
カ　車両及び運搬具
キ　工具、器具及び備品
ク　無形固定資産(鉱業権、漁業権、水利権、特許権、実用新案権、意匠権、商標権、営業権、著作権など)
ケ　ゴルフ場利用株式等、預託金方式のゴルフ会員権
コ　生物(牛、馬、果樹等)
サ　上記に掲げる資産に準ずるもの(課税資産を賃借するために支出する権利金等、書画・骨董など)

③　課税売上割合が著しく変動した場合

次に掲げる要件を満たす場合には、第三年度の課税期間において、控除対象仕入税額の調整を行います。

ア　仕入時に調整対象固定資産に係る課税仕入れ等の税額について比例配分法(注1)により控除対象仕入税額を算定していること
イ　第三年度の課税期間(注2)の末日においてその調整対象固定資産を有していること
ウ　第三年度の課税期間における通算課税売上割合(注3)が仕入れ等の課税期間(注4)における課税売上割合に対して著しく増加していること(注5)又は著しく減少していること(注5)

(注1)　比例配分法とは、全額控除方式、個別対応方式(共通対応分)又は一括比例配分方式をいいます。
(注2)　第三年度の課税期間とは、仕入れ等の課税期間の開始の日から3年を経過する日の属する課税期間をいいます。
(注3)　通算課税売上割合とは、次の算式により計算した割合をいいます。

$$\frac{\text{通算課税期間中に国内において行った課税資産の譲渡等の対価の額の合計額(対価の返還等の金額控除後)}}{\text{通算課税期間中に国内において行った資産の譲渡等の対価の額の合計額(対価の返還等の金額控除後)}}$$

上記算式中、通算課税期間とは、仕入れ等の課税期間から第三年度の課税期間までの各課税

期間をいいます。
(注4) 仕入れ等の課税期間とは、調整対象固定資産の課税仕入れの日又は保税地域からの引取りの日の属する課税期間をいいます。
(注5) 著しく増加していること又は著しく減少していることとは、それぞれ次に該当する場合をいいます。

著しく増加していること…次のいずれにも該当すること

ア $\dfrac{通算課税売上割合 - 仕入れ等の課税期間における課税売上割合}{仕入れ等の課税期間における課税売上割合} \geqq 50\%$

イ 通算課税売上割合 - 仕入れ等の課税期間における課税売上割合 $\geqq 5\%$

なお、仕入れ時の課税売上割合が0％の場合には、通算課税売上割合が5％以上であれば、著しく増加した場合に該当します。

著しく減少していること…次のいずれにも該当すること

ア $\dfrac{仕入れ等の課税期間における課税売上割合 - 通算課税売上割合}{仕入れ等の課税期間における課税売上割合} \geqq 50\%$

イ 仕入れ等の課税期間における課税売上割合 - 通算課税売上割合 $\geqq 5\%$

調整方法としては、下記のとおりになります。

著しく増加した場合…次の算式により計算した金額を第三年度の課税期間の仕入れに係る消費税額に加算します。

調整対象基準税額（注） × 通算課税売上割合 － 調整対象基準税額 × 仕入れ等の課税期間における課税売上割合

著しく減少した場合…次の算式により計算した金額を第三年度の課税期間の仕入れに係る消費税額から控除します。なお、第三年度の課税期間の仕入れに係る消費税額から控除して控除しきれない金額があるときは、その控除しきれない金額を課税資産の譲渡等に係る消費税額とみなして第三年度の課税期間の課税標準額に対する消費税額に加算します。

調整対象基準税額（注） × 仕入れ等の課税期間における課税売上割合 － 調整対象基準税額 × 通算課税売上割合

(注) 調整対象基準税額とは、第三年度の課税期間の末日において有する調整対象固定資産（保有調整対象固定資産）の課税仕入れに係る消費税額又は保有調整対象固定資産である課税貨物に係る消費税額をいいます。

課税仕入れ等を行った日の属する課税期間又は第三年度の課税期間において簡易課税を採用している場合には、調整計算を行いません。

④　転用した場合
　ア　課税業務用から非課税業務用への転用
　　次に掲げる要件を満たす場合には、調整対象固定資産を課税業務用から非課税業務用に転用した課税期間において、控除対象仕入税額の調整を行います。
　　a　仕入時に調整対象固定資産に係る課税仕入れ等の税額について個別対応方式により課税資産の譲渡等にのみ要するものとして控除対象仕入税額を算定していること
　　b　調整対象固定資産を課税仕入れ等の日から3年以内にその他の資産の譲渡等に係る業務の用に供すること
　イ　非課税業務用から課税業務用への転用
　　次に掲げる要件を満たす場合には、調整対象固定資産を非課税業務用から課税業務用に転用した課税期間において、控除対象仕入税額の調整を行います。
　　a　仕入時に調整対象固定資産に係る課税仕入れ等の税額について個別対応方式により非課税資産の譲渡等にのみ要するものとして仕入れに係る消費税額がないこととしていること
　　b　調整対象固定資産を課税仕入れ等の日から3年以内に課税資産の譲渡等に係る業務の用に供すること
　　具体的には、非課税業務用に転用した日又は課税業務用に転用した日が次に掲げる期間のいずれに属するかに応じそれぞれに定める消費税額を転用した課税期間の控除対象仕入税額から控除又は加算します。
　　なお、転用した課税期間の控除対象仕入税額から控除する場合において、控除しきれない金額があるときは、その控除しきれない金額を課税資産の譲渡等に係る消費税額とみなして転用した日の属する課税期間の課税標準額に対する消費税額に加算します。
　　　ア　調整対象固定資産の課税仕入れ等の日から1年を経過する日までの期間
　　　　→調整対象税額（注）に相当する消費税額
　　　イ　調整対象固定資産の課税仕入れ等の日から1年を経過する日の翌日から1年を経過する日までの期間
　　　　→調整対象税額の3分の2に相当する消費税額
　　　ウ　調整対象固定資産の課税仕入れ等の日から2年を経過する日の翌日から1年を経過する日までの期間
　　　　→調整対象税額の3分の1に相当する消費税額
　（注）調整対象固定資産に係る課税仕入れ等の税額

　課税業務用又は非課税業務用から課税非課税共通用に転用した場合、課税非課税共通用から非課税業務用又は課税業務用に転用した場合には、調整計算はありません。ただし、課税業務用又は非課税業務用をいったん課税非課税共通用に転用し、その後非課税業務用

又は課税業務用に転用した場合には、非課税業務用又は課税業務用に転用した時に調整を行います。

また、課税仕入れ等を行った日の属する課税期間又は転用した日の属する課税期間において簡易課税を採用している場合には、調整計算を行いません。

⑤ **調整対象固定資産の仕入れ等と課税事業者選択不適用届出書、簡易課税制度選択届出書**

ア　課税事業者を選択した場合

　課税事業者選択届出書を提出すると、その提出日の属する課税期間の翌課税期間（提出日の属する課税期間が事業を開始した日の属する課税期間等である場合には、当該課税期間）の初日から同日以後2年を経過する日の属する課税期間までは、課税事業者が強制適用されますが、当該2年を経過する日までの間に開始した各課税期間（簡易課税の適用を受ける課税期間を除く）中に調整対象固定資産の仕入れ等（注）を行った場合には、事業を廃止した場合を除き、当該調整対象固定資産の仕入れ等の日の属する課税期間の初日から3年を経過する日の属する課税期間の初日以後でなければ、課税事業者選択不適用届出書を提出することができません。

　また、簡易課税制度選択届出書も当該3年を経過する日の属する課税期間の初日以後でなければ、提出することはできません。

　要するに、課税事業者が強制される期間（2年間）に調整対象固定資産を仕入れた場合には、課税事業者の強制期間が3年になり、一定の要件を満たすと、既に述べた、調整対象固定資産に係る調整を受ける場合があります。

（注）国内において調整対象固定資産の課税仕入れ又は調整対象固定資産に該当する課税貨物の保税地域からの引取りをいいます。

イ　新設法人の場合

　新設法人が、その基準期間がない事業年度に含まれる各課税期間（簡易課税の適用を受ける課税期間を除く）中に調整対象固定資産の仕入れ等を行った場合には、当該調整対象固定資産の仕入れ等の日の属する課税期間から当該課税期間の初日以後3年を経過する日の属する課税期間までの各課税期間については、納税義務は免除されません。

　また、簡易課税制度選択届出書も当該3年を経過する日の属する課税期間の初日以後でなければ、提出することはできません。

　要するに、新設法人が、納税義務が免除されない期間（2年間）に調整対象固定資産を仕入れた場合には、課税事業者の強制期間が3年になり、一定の要件を満たすと、既に述べた調整対象固定資産に係る調整を受ける場合があります。

12 棚卸資産に係る調整

① 調整の意義

　棚卸資産については、仕入時に一括して仕入税額控除を行うため、期首や期末の在庫については、原則として、消費税額の計算には関係させません。しかし、免税事業者であったときに仕入れた商品等を、課税事業者になってから販売した場合には、売上げに対して消費税がかかりますが、仕入れについては免税期間であったため、仕入税額控除ができません。また、課税事業者であったときに仕入れた商品等が期末に在庫として残り、翌期に免税事業者となる場合には、翌期の売上げについて消費税が課されないにもかかわらず、仕入時に仕入税額控除が可能となります。そこで、免税事業者から課税事業者、又は課税事業者から免税事業者になる場合には、棚卸資産について一定の調整を行います。

　なお、棚卸資産とは、商品、製品（副産物及び作業くずを含む）、半製品、仕掛品（半成工事を含む）、主要原材料、補助原材料、消耗品で貯蔵中のもの等をいいます。

② 免税事業者から課税事業者になる場合

　免税事業者が課税事業者になる場合において、課税事業者となった課税期間の初日の前日において、免税期間中に国内において譲り受けた課税仕入れに係る棚卸資産又は当該期間中における保税地域からの引取りに係る課税貨物で棚卸資産に該当するもの（注1）を有しているときは、当該課税仕入れに係る棚卸資産又は当該課税貨物に係る消費税額（注2）を、課税事業者となった課税期間の仕入れに係る消費税額の計算の基礎となる課税仕入れ等の税額とみなします。

　この規定の適用を受けるためには、原則として、棚卸資産又は課税貨物の明細（品名、数量、取得に要した費用の額）を記録した書類を保存する必要があります。

　なお、簡易課税を適用する場合には、この規定の適用はありません。

（注1）これらの棚卸資産を原材料として製作され、又は建設された棚卸資産を含みます。
（注2）次に掲げる資産の区分に応じ、それぞれに定める金額に108分の6.3を乗じて算出した金額をいいます。
　　　ア　国内において譲り受けた課税仕入れに係る棚卸資産
　　　　次に掲げる金額の合計額
　　　　　a　その資産の課税仕入れに係る支払対価の額
　　　　　b　引取運賃、荷役費その他その資産の購入のために要した費用の額
　　　　　c　その資産を消費し、又は販売の用に供するために直接要した費用の額
　　　イ　保税地域からの引取りに係る課税貨物で棚卸資産に該当するもの
　　　　次に掲げる金額の合計額
　　　　　a　その課税貨物に係る消費税の課税標準である金額とその課税貨物の引取りに係る消費税額及び地方消費税額との合計額

b 引取運賃、荷役費その他その課税貨物の保税地域からの引取りのために要した費用の額
c その課税貨物を消費し、又は販売の用に供するために要した費用の額
ウ 前二号に掲げる棚卸資産を原材料として製作され、又は建設された棚卸資産
a その資産の製作又は建設のために要した原材料費及び経費の額
b その資産を消費し、又は販売の用に供するために直接要した費用の額

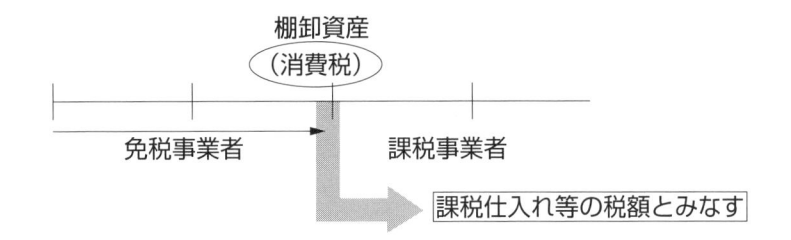

③ 課税事業者から免税事業者になる場合

　課税事業者が免税事業者になる場合において、免税事業者となった課税期間の初日の前日において、その前日の属する課税期間中に国内において譲り受けた課税仕入れに係る棚卸資産又は当該課税期間における保税地域からの引取りに係る課税貨物で棚卸資産に該当するものを有しているときは、当該課税仕入れに係る棚卸資産又は当該課税貨物に係る消費税額は、その課税期間の仕入れに係る消費税額の計算の基礎となる課税仕入れ等の税額に含まれません。

　②では連続した免税期間中の課税仕入れ等が対象であったのに対し、③では免税事業者となった課税期間の直前の課税期間中の課税仕入れ等が対象となる点に注意が必要です。

　なお、簡易課税を適用する場合には、この規定の適用はありません。

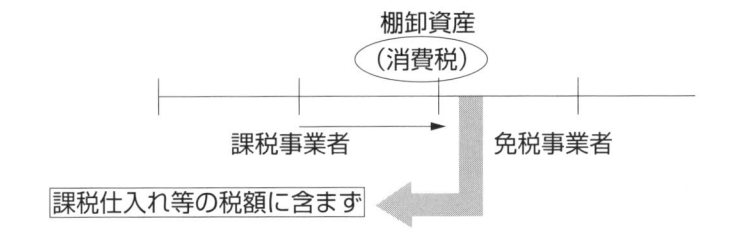

第8節　課税期間、申告・納付、納税地

1　課税期間

① 原　則

　課税期間とは、消費税額の算定の基礎となる期間であり、事業者の区分に応じ、次のとおり定められています。

　個人事業者…1月1日から12月31日

　法人…事業年度

　個人事業者の場合、年の途中で新たに事業を開始した場合、又は事業を廃止した場合であっても、課税期間は1月1日から12月31日となります。

　また、事業年度とは、法人税法に規定されている事業年度をいいます。法人税法上、事業年度とは、法人の財産及び損益の計算の単位となる期間（会計期間）で、法令で定めるもの又は定款、寄附行為、規則、規約その他これらに準ずるものに定めるものをいいます。新たに設立された法人の最初の課税期間の開始の日は、法人の設立の日となりますが、設立の登記により成立する法人にあっては設立の登記をした日、行政官庁の認可又は許可によって成立する法人にあってはその認可又は許可の日をいいます。

　法人が解散等した場合の事業年度は、次の通りです。

　ア　内国法人が事業年度の中途において解散（合併による解散を除く）をした場合

　　その事業年度開始の日から解散の日までの期間

　　解散の日の翌日からその事業年度終了の日までの期間

　イ　法人が事業年度の中途において合併により解散した場合

　　その事業年度開始の日から合併の日の前日までの期間

　ウ　内国法人である公益法人等又は人格のない社団等が事業年度の中途において新たに収益事業を開始した場合

　　その開始した日から同日の属する事業年度終了の日までの期間

　エ　公益法人等が事業年度の中途において普通法人若しくは協同組合等に該当することとなった場合又は普通法人若しくは協同組合等が事業年度の中途において公益法人等に該当することとなった場合

　　その事業年度開始の日からこれらの場合のうちいずれかに該当することとなった日の前日までの期間

　　その該当することとなった日からその事業年度終了の日までの期間

　オ　清算中の法人の残余財産が事業年度の中途において確定した場合

　　その事業年度開始の日から残余財産の確定の日までの期間

カ　清算中の内国法人が事業年度の中途において継続した場合

その事業年度開始の日から継続の日の前日までの期間

継続の日からその事業年度終了の日までの期間

なお、株式会社が解散した場合には、解散の日の翌日から1年ごとの期間が事業年度となります。また、法人が会社法その他の法令の規定によりその組織を変更して他の種類の法人となった場合には、組織変更前の法人の解散の登記、組織変更後の法人の設立の登記にかかわらず、その解散又は設立はなかったものとして取り扱います。したがって、その法人の課税期間は、その組織変更によって区分されず継続することになります。

② 特例（課税期間の短縮）

消費税では、課税期間を3月ごと又は1月ごとに区分することが認められています。これを課税期間の短縮といいます。ここでは法人を前提に説明します。

ア　3月ごとの短縮

その事業年度が3月を超える法人で、課税期間特例選択・変更届出書を納税地の所轄税務署長に提出することで課税期間を3月ごとに区分することができます。この場合の課税期間は、次のとおりになります。

その事業年度をその開始の日以後3月ごとに区分した各期間（最後に3月未満の期間を生じたときは、その3月未満の期間）

課税期間特例選択・変更届出書の効力は、その提出があった日の属する上記3月ごとの期間の翌期間の初日以後に生じます（注）。この場合、提出日の属する事業年度開始の日から届出の効力の生じた日の前日までの期間が一の課税期間とみなされます。

イ　1月ごとの短縮

その事業年度が1月を超える法人で、課税期間特例選択・変更届出書を納税地の所轄税務署長に提出することで課税期間を1月ごとに区分することができます。この場合の課税期間は、次のとおりになります。

その事業年度をその開始の日以後1月ごとに区分した各期間（最後に1月未満の期間を生じたときは、その1月未満の期間）

課税期間特例選択・変更届出書の効力は、その提出があった日の属する上記1月ごとの期間の翌期間の初日以後に生じます（注）。この場合、提出日の属する事業年度開始の日から届出の効力の生じた日の前日までの期間が一の課税期間とみなされます。

(注) 課税資産の譲渡等に係る事業を開始した期間等である場合には、その提出をした期間から適用されます。

課税期間の特例の適用を止めたい場合には、課税期間特例選択不適用届出書を提出する必要があります。選択不適用届出書の提出があった場合には、その提出をした日の属する課税期間の末日の翌日以後は、その効力が失われます。ただし、選択不適用届出書は、特

例選択・変更届出書の効力が生ずる日から2年を経過する日の属する期間の初日以後でなければ、提出することができません。

(例) 原則から3月特例に短縮する場合

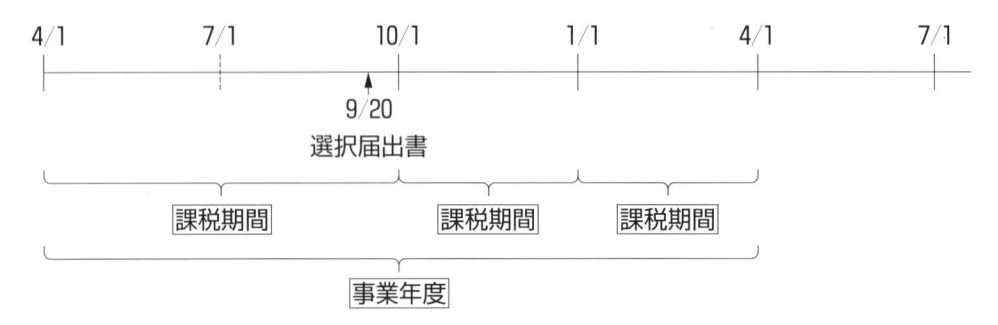

```
4/1      7/1      10/1      1/1      4/1      7/1
 |--------|--------|---------|--------|--------|
                   ↑
                  9/20
                 選択届出書
      [課税期間]   [課税期間]  [課税期間]
      └──────────── 事業年度 ────────────┘
```

2　申告・納付

① 確定申告

　課税事業者は、原則として、下記の通り、確定申告及び納付が必要です。ただし、課税事業者であっても、国内における課税資産の譲渡等がなく、かつ、差引税額（中間納付額を控除する前の金額）がない課税期間については、提出義務はありません。なお、課税事業者は、提出義務がない場合でも、還付税額がある場合には、確定申告書を提出することができます。

ア　個人事業者

　個人事業者のその年の12月31日の属する課税期間に係る確定申告書の提出期限は、その年の翌年3月31日です。納付についても同様です。

　ただし、課税期間を短縮している場合には、その課税期間の末日の翌日から2月以内に確定申告書を提出する必要があります。

イ　法　人

　法人のその課税期間に係る確定申告書の提出期限は、その課税期間の末日の翌日から2月以内です。納付についても同様です。

　課税期間を短縮している場合も同様です。

　ただし、清算中の法人につき、その残余財産が確定した場合には、その残余財産の確定した日の属する課税期間に係る確定申告書の提出期限は、その課税期間の末日の翌日から1月以内（当該翌日から1月以内に残余財産の最後の分配又は引渡しが行われる場合には、その行われる日の前日まで）となります。

(注1) 法人税の確定申告書の提出期限は、原則として、各事業年度終了の日の翌日から2月以内となっていますが、会計監査人の監査を受けなければならないこと等の理由により決算が確定しないため、各事業年度の確定申告書をその提出期限までに提出することができない常況にある

と認められる場合には、申請により、提出期限を1月延長することができます。

しかし、消費税には、このような申告期限の延長制度はありませんので注意が必要です（災害等があった場合を除く）。

(注2) 免税事業者は、消費税を納める義務がない半面、還付を受ける権利もないことから、還付のための申告書を提出することはできません。免税事業者が、還付を受けるためには、課税事業者になる必要がありますので注意が必要です。

(注3) 確定申告書の提出期限が、土曜日、日曜日、祝日等に当たるときは、これらの日の翌日がその期限となります。

② 中間申告

課税事業者は、原則として、中間申告書を提出し、その申告書に記載された金額を納付しなければなりません。消費税の中間申告は、前課税期間の確定消費税額により、次の通りになります。下記に掲げる金額は、消費税額であり、地方消費税は含まれませんので注意してください。

ア 前課税期間の確定消費税額（6月相当額）≦ 24万

　→中間申告不要（注）

イ 24万円 ＜ 前課税期間の確定消費税額（6月相当額）≦ 200万円

　→中間申告年1回

　→その課税期間開始の日以後6月の期間（6月中間申告対象期間）の末日の翌日から2月以内に中間申告書を提出し、納付する

ウ 100万円 ＜ 前課税期間の確定消費税額（3月相当額）≦ 1,200万円

　→中間申告年3回

　→その課税期間開始の日以後3月ごとに区分した各期間（3月中間申告対象期間）の末日の翌日から2月以内に中間申告書を提出し、納付する

エ 400万円 ＜ 前課税期間の確定消費税額（1月相当額）

　→中間申告年11回

　→その課税期間開始の日以後1月ごとに区分した各期間（1月中間申告対象期間）の末日の翌日から2月以内に中間申告書を提出し、納付する（ただし、課税期間開始の日以後1月の期間である場合には、その課税期間開始の日以後2月を経過した日から2月以内）

6月相当額、3月相当額、1月相当額は、それぞれ次のとおり算定します。

　6月相当額 ＝ 前課税期間の確定消費税額 ÷ 12 × 6

　3月相当額 ＝ 前課税期間の確定消費税額 ÷ 12 × 3

　1月相当額 ＝ 前課税期間の確定消費税額 ÷ 12

(注) この場合でも、中間申告書を提出する旨を記載した届出書を納税地の所轄税務署長に提出した場合には、中間申告書の提出及び納付をすることができます。これを任意の中間申告といいます。

届出書を提出した日以後にその末日が最初に到来する中間申告対象期間から中間申告を行うことになります。

任意の中間申告を止めようとする場合、その旨を記載した届出書を納税地の所轄税務署長に提出します。届出書を提出した日以後にその末日が最初に到来する中間申告対象期間から適用がなくなります。なお、任意の中間申告を行う旨の届出書を提出したにもかかわらず、提出期限までに中間申告書が提出されなかった場合は、任意の中間申告を止める旨の届出書をその中間申告対象期間の末日に提出したものとみなされます。

納付については、上記中間申告の回数に応じ、6月相当額（年1回の場合）、3月相当額（年3回の場合）、1月相当額（年11回の場合）を納める必要があります（予定申告による納付）が、中間申告対象期間を一の課税期間とみなして仮決算を行い納付する方法（仮決算による納付）も認められています。

なお、中間申告書の提出がない場合、予定申告に基づく中間申告書の提出があったものとみなされます。すなわち、仮決算による納付を希望する場合は、提出期限までに仮決算による中間申告書を提出しないと、予定納付による中間申告書の提出があったものとされますので注意が必要です。

また、任意の中間申告を採用している場合であっても、仮決算による中間申告を行うことができます。

3　納税地

納税地とは、納税者の申告、申請、届出、納付その他の行為の相手方となるべき税務官庁を決定する場合の基準となります。

①　個人事業者

個人事業者については、原則として、国内に住所又は居所を有する場合には、その住所地又は居所地、国内に住所や居所を有しない者で、国内にその行う事業に係る事務所、事業所その他これらに準ずるもの（事務所等）がある場合には、その事務所等の所在地（その事務所等が2以上ある場合には、主たるものの所在地）が納税地とされます。

②　法　人

法人については、原則として、内国法人（国内に本店又は主たる事務所を有する法人）である場合には、その本店又は主たる事務所の所在地、外国法人（内国法人以外の法人）で国内に事務所等を有する法人である場合には、その事務所等の所在地（その事務所等が2以上ある場合には、主たるものの所在地）が納税地とされます。

第9節　経理処理

1　税込経理方式と税抜経理方式

　消費税の経理方式には、税込経理方式と税抜経理方式があります。税込経理方式とは、消費税等の額とその消費税等に係る取引の対価の額とを区分しないで経理する方式をいいます。税抜経理方式とは、消費税等の額とその消費税等に係る取引の対価の額とを区分して経理する方式をいいます。前者は、消費税相当額を収益、費用に含めて処理する方法、後者は、消費税相当額を収益、費用から切り離して処理する方法といえます。

　いずれを採用するかは法人の任意とされますが、原則として、法人の選択した方式は、その法人の行うすべての取引について適用されます。ただし、法人が売上げ等の収益に係る取引について税抜経理方式を適用している場合には、固定資産、繰延資産及び棚卸資産（固定資産等）の取得に係る取引又は販売費、一般管理費等（経費等）の支出に係る取引のいずれかの取引について税込経理方式を選択適用できます。また、固定資産等のうち棚卸資産の取得に係る取引については、継続適用を条件として、固定資産及び繰延資産と異なる方式を選択適用できます。

　なお、個々の固定資産等又は個々の経費等ごとに異なる方式を適用することはできません。また、売上等の収益に係る取引につき税込経理方式を適用している場合には、固定資産等の取得に係る取引及び経費等に係る取引については税抜経理方式を適用することはできません。

　税抜経理方式による経理処理は、原則として、取引の都度行いますが、その経理処理を事業年度終了の時において一括して行うことも認められています。

　なお、免税事業者は、税込経理方式しか採用することができません。

売上げ		税込	税抜	税抜						
固定資産等	棚卸資産	税込	税抜	税抜	税込	税抜	税抜	税込	税込
	固定資産 繰延資産					税込	税込	税抜	税抜
経費等				税込	税抜	税込	税抜	税込	税抜

(例)

商品仕入1,080,000（税込）

税込経理方式	税抜経理方式
仕　　入1,080,000／買 掛 金1,080,000	仕　　入1,000,000／買 掛 金1,080,000
	仮払消費税　　80,000／

商品売上1,620,000（税込）

税込経理方式	税抜経理方式
売 掛 金1,620,000／売　　上1,620,000	売 掛 金1,620,000／売　　上1,500,000
	／仮受消費税　120,000

確定消費税40,000

税込経理方式	税抜経理方式
租税公課　　40,000／未払消費税　40,000	仮受消費税　120,000／仮払消費税　80,000
	／未払消費税　40,000

2　控除対象外消費税

　課税売上割合が95％未満である場合や、その課税期間における課税売上高が5億円を超える場合には、全額控除方式は採用できず、個別対応方式又は一括比例配分方式により税額を算定します。その結果、課税仕入れ等の税額の全額を控除することができなくなります。税抜経理方式を採用している場合には、仮払消費税のうち控除できない部分が生じますが、これを控除対象外消費税といいます。税込経理方式を採用している場合には、控除対象外消費税が生ずることはありません。

　控除対象外消費税のうち経費に係るものは、その生じた事業年度の損金の額に算入します。ただし、控除対象外消費税のうち、交際費等に係る部分は交際費等の額に含める必要があります。

　控除対象外消費税のうち資産に係るものは、次に掲げる場合に該当するときは、損金経理要件を前提に、その生じた事業年度の損金の額に算入します。次に掲げる場合に該当しても、損金経理されないときは、後述する繰延消費税として取り扱われます。

　ア　課税売上割合が80％以上である事業年度において生じたもの
　イ　棚卸資産に係るもの
　ウ　一の資産に係る金額が20万円未満である場合

　資産に係る控除対象外消費税のうち、上記によりその生じた事業年度の損金の額に算入される金額以外の部分は、繰延消費税として処理します。

繰延消費税は、その生じた事業年度においては、下記の算式により計算した金額の範囲内で、損金経理した金額を損金の額に算入します。

$$\frac{繰延消費税}{60} \times その事業年度の月数 \times \frac{1}{2}$$

また、繰延消費税は、その生じた事業年度の翌事業年度以降においては、下記の算式により計算した金額の範囲内で、損金経理した金額を損金の額に算入します。

$$\frac{繰延消費税}{60} \times その事業年度の月数$$

なお、資産に係る控除対象外消費税は、資産の取得価額に含めることができます。ただし、この場合には、個々の資産についてその取得価額に含めるか否かの選択は認められていないため、すべての資産について取得価額に含める必要があります。もし、一部の資産についてのみその取得価額に含めた場合には、資産の取得価額から減額し、繰延消費税として処理しなければなりません。

第10節　地方消費税

1　概　要

　地方消費税は、消費税の税率が3％から5％に引き上げられた平成9年4月に導入されました。国税である消費税と同様、国内取引と輸入取引に対して課される都道府県税です。国内取引に課されるものを譲渡割、輸入取引に課されるものを貨物割といいます。

　地方消費税は、消費税額を課税標準とします。税率は、平成9年4月1日から平成26年3月31日までは、100分の25でしたが、平成26年4月1日以降は、63分の17です。また、平成27年10月1日以降は、78分の22に引き上げられる予定です。

2　申告・納付

　地方消費税は、本来、都道府県に申告書を提出し、納税しなければなりませんが、当分の間、消費税と合わせて税務署に申告書を提出し、納税することになっています。国に消費税とともに申告・納付された地方消費税は、納付があった月の翌々月の末日までに都道府県に払い込まれることになっています。このように都道府県に払い込まれた地方消費税は、本来の課税地である最終消費地に税収を帰属させるため、都道府県の間に消費に関連する指標（小売年間販売額、サービス業対個人事業収入額、人口、従業者数）に基づき清算を行っています。この清算後の地方消費税の2分の1相当額は、都道府県内の市町村に人口と従業者数で按分して交付されます。

		H9.4.1〜 H26.3.31	H26.4.1〜	H27.4.1〜 H27.9.30	H27.10.1〜 H28.3.31	H28.4.1〜
消費税	①	4％	6.3％	6.3％	7.8％	7.8％
うち交付税	②	1.18％	1.40％	1.47％	1.47％	1.52％
地方消費税	③	1％	1.7％	1.7％	2.2％	2.2％
合計	①+③	5％	8％	8％	10％	10％
うち地方財源	②+③	2.18％	3.10％	3.17％	3.67％	3.72％

第2章

社会福祉法人のための消費税実務のポイント

第1節　社会福祉法人の概要
第2節　社会福祉法人に対する消費税の考え方
第3節　高齢者福祉事業者の課税・非課税取引
第4節　障害者福祉事業者の課税・非課税取引
第5節　児童福祉事業（保育事業）の課税・非課税取引
第6節　その他の収入の課税・非課税判定
第7節　簡易課税制度
第8節　社会福祉法人と一般営利法人の消費税計算の相違点（特定収入）

第1節　社会福祉法人の概要

1　社会福祉法人とは

　社会福祉法人とは、社会福祉事業を行うことを目的として設立された法人のことをいいます（社会福祉法22）。

　社会福祉法人が行う社会福祉事業には、社会福祉法に定める第1種社会福祉事業と第2種社会福祉事業があります（社会福祉法2）。また、経営する社会福祉事業に支障がない範囲で、公益事業、収益事業を行うことができます（社会福祉法26）。

2　社会福祉事業の概要

　社会福祉法に定める社会福祉事業には、以下の事業があります。

① 　第1種社会福祉事業
　ア　生活保護法に規定する救護施設、更生施設その他生計困難者を無料又は低額な料金で入所させて生活の扶助を行うことを目的とする施設を経営する事業及び生計困難者に対して助葬を行う事業
　　・救護施設（生活保護法第38条第2項）
　　・更生施設（生活保護法第38条第3項）
　　・医療保護施設（生活保護法第38条第4項）
　　・授産施設（生活保護法第38条第5項）
　　・宿泊提供施設（生活保護法第38条6項）
　イ　児童福祉法に規定する乳児院、母子生活支援施設、児童養護施設、障害児入所施設、情緒障害児短期治療施設又は児童自立支援施設を経営する事業
　　・乳児院（児童福祉法第37条）
　　・母子生活支援施設（児童福祉法第38条）
　　・児童養護施設（児童福祉法第41条）
　　・障害児入所施設（児童福祉法第42条）
　　　(ア)　福祉型障害児入所施設……保護、日常生活の指導及び独立自活に必要な知識技能の付与
　　　(イ)　医療型障害児入所施設……保護、日常生活の指導、独立自活に必要な知識技能の付与及び治療
　　・情緒障害児短期治療施設（児童福祉法第43条の2）

・児童自立支援施設（児童福祉法第44条）
ウ　老人福祉法に規定する養護老人ホーム、特別養護老人ホーム又は軽費老人ホームを経営する事業
・養護老人ホーム（老人福祉法第20条の4）
・特別養護老人ホーム（老人福祉法第20条の5）
・軽費老人ホーム（老人福祉法第20条の6）
エ　障害者の日常生活及び社会生活を総合的に支援するための法律に規定する障害者支援施設を経営する事業
・障害者支援施設（障害者総合支援法第5条第11項）
オ　売春防止法に規定する婦人保護施設を経営する事業
・婦人保護施設（売春防止法第36条）
カ　その他の事業（社会福祉法第2条第2項第7号）
・授産施設を経営する事業
・生計困難者に対して無利子又は低利で資金を融通する事業

② 第2種社会福祉事業
ア　生計困難者に対して、その住居で衣食その他日常の生活必需品若しくはこれに要する金銭を与え、又は生活に関する相談に応ずる事業
イ　児童福祉法に規定する障害児通所支援事業、障害児相談支援事業、児童自立生活援助事業、放課後児童健全育成事業、子育て短期支援事業、乳児家庭全戸訪問事業、養育支援訪問事業、地域子育て支援拠点事業、一時預かり事業又は小規模住居型児童養育事業、児童福祉法に規定する助産施設、保育所、児童厚生施設又は児童家庭支援センターを経営する事業及び児童の福祉の増進について相談に応ずる事業
・児童発達支援事業（児童福祉法第6条の2第2項）
・医療型児童発達支援事業（児童福祉法第6条の2第3項）
・放課後等デイサービス（児童福祉法第6条の2第4項）
・保育所等訪問支援事業（児童福祉法第6条の2第5項）
・障害児相談支援事業（児童福祉法第6条の2第6項）
・障害児支援利用援助事業（児童福祉法第6条の2第7項）
・継続障害児支援利用援助事業（児童福祉法第6条の2第8項）
・児童自立生活援助事業（児童福祉法第6条の3第1項）
・放課後児童健全育成事業（児童福祉法第6条の3第2項）
・子育て短期支援事業（児童福祉法第6条の3第3項）
・乳児家庭全戸訪問事業（児童福祉法第6条の3第4項）
・養育支援訪問事業（児童福祉法第6条の3第5項）

- 地域子育て支援拠点事業（児童福祉法第6条の3第6項）
- 一時預かり事業（児童福祉法第6条の3第7項）
- 小規模住居型児童養育事業（児童福祉法第6条の3第8項）
- 助産施設（児童福祉法第36条）
- 保育所（児童福祉法第39条）
- 児童厚生施設（児童福祉法第40条）
- 児童家庭支援センター（児童福祉法第44条の2）

ウ　母子及び寡婦福祉法に規定する母子家庭等日常生活支援事業又は寡婦日常生活支援事業及び母子及び寡婦福祉法に規定する母子福祉施設を経営する事業

- 母子家庭等日常生活支援事業（母子及び寡婦福祉法第17条）
- 寡婦日常生活支援事業（母子及び寡婦福祉法第33条）
- 母子福祉センター（母子及び寡婦福祉法第39条第2項）
- 母子休養ホーム（母子及び寡婦福祉法第39条第3項）

エ　老人福祉法に規定する老人居宅介護等事業、老人デイサービス事業、老人短期入所事業、小規模多機能型居宅介護事業、認知症対応型老人共同生活援助事業又は複合型サービス福祉事業及び老人福祉法に規定する老人デイサービスセンター、老人短期入所施設、老人福祉センター又は老人介護支援センターを経営する事業

- 老人居宅介護等事業（老人福祉法第5条の2第2項）
- 老人デイサービス事業（老人福祉法第5条の2第3項）
- 老人短期入所事業（老人福祉法第5条の2第4項）
- 小規模多機能型居宅介護事業（老人福祉法第5条の2第5項）
- 認知症対応型老人共同生活援助事業（老人福祉法第5条の2第6項）
- 複合型サービス福祉事業（老人福祉法第5条の2第7項）
- 老人デイサービスセンター（老人福祉法第20条の2の2）
- 老人短期入所施設（老人福祉法第20条の3）
- 老人福祉センター（老人福祉法第20条の7）
- 老人介護支援センター（老人福祉法第20条の7の2）

オ　障害者の日常生活及び社会生活を総合的に支援するための法律に規定する障害福祉サービス事業、一般相談支援事業、特定相談支援事業又は移動支援事業及び同法に規定する地域活動支援センター又は福祉ホームを経営する事業

- 障害福祉サービス事業（障害者総合支援法第5条）
  - (ア) 居宅介護（障害者総合支援法第5条第2項）
  - (イ) 重度訪問介護（障害者総合支援法第5条第3項）
  - (ウ) 同行援護（障害者総合支援法第5条第4項）
  - (エ) 行動援護（障害者総合支援法第5条第5項）

(オ)　療養介護（障害者総合支援法第 5 条第 6 項）

　(カ)　生活介護（障害者総合支援法第 5 条第 7 項）

　(キ)　短期入所（障害者総合支援法第 5 条第 8 項）

　(ク)　重度障害者等包括支援（障害者総合支援法第 5 条第 9 項）

　(ケ)　施設入所支援（障害者総合支援法第 5 条第10項）

　(コ)　障害者支援施設（障害者総合支援法第 5 条第11項）

　(サ)　自立訓練（障害者総合支援法第 5 条第12項）

　(シ)　就労移行支援（障害者総合支援法第 5 条第13項）

　(ス)　就労継続支援（障害者総合支援法第 5 条第14項）

　(セ)　共同生活援助（障害者総合支援法第 5 条第15項）

・一般相談支援事業（障害者総合支援法第 5 条第16項～第19項）

・特定相談支援事業（障害者総合支援法第 5 条第16項～第21項）

・移動支援事業（障害者総合支援法第 5 条第24項）

・地域活動支援センター（障害者総合支援法第 5 条第25項）

・福祉ホーム（障害者総合支援法第 5 条第26項）

カ　身体障害者福祉法に規定する身体障害者生活訓練等事業、手話通訳事業又は介助犬訓練事業若しくは聴導犬訓練事業、同法に規定する身体障害者福祉センター、補装具製作施設、盲導犬訓練施設又は視聴覚障害者情報提供施設を経営する事業及び身体障害者の更生相談に応ずる事業

・身体障害者生活訓練等事業（身体障害者福祉法第 4 条の 2 第 1 項）

・手話通訳事業（身体障害者福祉法第 4 条の 2 第 2 項）

・介助犬訓練事業、聴導犬訓練事業（身体障害者福祉法第 4 条の 2 第 3 項）

・身体障害者の更生相談に応ずる事業（身体障害者福祉法第11条）

・身体障害者福祉センター（身体障害者福祉法第31条）

・補装具製作施設（身体障害者福祉法第32条）

・盲導犬訓練施設（身体障害者福祉法第33条）

・視聴覚障害者情報提供施設（身体障害者福祉法第34条）

キ　知的障害者福祉法に規定する知的障害者の更生相談に応ずる事業

・知的障害者の更生相談に応ずる事業（知的障害者福祉法第12条）

ク　生計困難者のために、無料又は低額な料金で、簡易住宅を貸し付け、又は宿泊所その他の施設を利用させる事業（社会福祉法第 2 条第 3 項第 8 号）

ケ　生計困難者のために、無料又は低額な料金で診療を行う事業（社会福祉法第 2 条第 3 項第 9 号）

コ　生計困難者に対して、無料又は低額な費用で介護保険法に規定する介護老人保健施設を利用させる事業（社会福祉法第2条第3項第10号）

サ　隣保事業（社会福祉法第2条第3項第11号）

シ　福祉サービス利用援助事業（社会福祉法第2条第3項第12号）

ス　社会福祉事業に関する連絡又は助成を行う事業（社会福祉法第2条第3項第13号）

③　社会福祉法における「社会福祉事業」に含まれない事業（社会福祉法第2条第4項）

(ｱ)　更生保護事業法に規定する更生保護事業

(ｲ)　実施期間が6月(社会福祉法第2条第3項第13号に掲げる事業にあっては、3月)を超えない事業

(ｳ)　社団又は組合の行う事業であって、社員又は組合員のためにするもの

(ｴ)　社会福祉法第2条第2項各号及び同条第3項第1号から第9号までに掲げる事業であって、常時保護を受ける者が、入所させて保護を行うものにあっては5人、その他のものにあっては20人（政令で定めるものにあっては、10人）に満たないもの

(ｵ)　社会福祉法第2条第3項第13号に掲げる事業のうち、社会福祉事業の助成を行うものであって、助成の金額が毎年度500万円に満たないもの又は助成を受ける社会福祉事業の数が毎年度50に満たないもの

3　社会福祉法人の会計基準について

① 新会計基準（平成23年基準の導入）

　社会福祉法人の会計基準は、従来、事業区分ごとに様々な会計基準が併存している状況にありました。このような中、会計処理基準の一元化を図り、公益法人会計基準における時価会計などを取り入れ、平成23年に社会福祉法人会計処理基準（平成23年基準）が施行されました。従来の会計処理基準により処理をしている社会福祉法人については、平成27年3月期を目途に会計基準の移行手続きを行うこととなります。

◆ 現行基準

事業		原則	運用実態
社会福祉事業	障害福祉関係施設（授産施設、就労支援事業を除く） 保育所 その他児童福祉施設 保護施設	全ての社会福祉法人に会計基準を適用する	社会福祉法人会計基準による（措置施設（保育所）のみを運営している法人は、当分の間、「経理規程準則」によることができる）
	養護老人ホーム 軽費老人ホーム		社会福祉法人会計基準による（指定特定施設の場合は、指導指針が望ましい）
	特養等介護保険施設		指導指針が望ましい（会計基準によることができる）
	就労支援事業		就労支援会計処理基準による
	授産施設		授産施設会計基準による
	重症心身障害児施設		病院会計準則による
	訪問看護ステーション		訪問看護会計・経理準則による
	介護老人保健施設		介護老人保健施設会計・経理準則による
	病院・診療所		病院会計準則による
公益事業			社会福祉法人会計基準に準じて行うことが可
収益事業			一般に公正妥当と認められる企業会計の基準を適用

◆ 新基準

事業		適用範囲
社会福祉事業	障害福祉関係施設 保育所 その他児童福祉施設 保護施設 養護老人ホーム 軽費老人ホーム 特養等介護保険施設 就労支援事業 授産施設 重症心身障害児施設 訪問看護ステーション 介護老人保健施設 病院・診療所	<u>全ての社会福祉法人に新基準を適用する</u>
公益事業		
収益事業		

（厚生労働省「社会福祉法人の新会計基準について」より）

② 新会計基準での経理区分

新会計基準では、施設・事業所ごとの財務状況を明らかにするため、拠点区分を設けることとされました。また、施設・事業所内で実施するサービスごとの収支を明らかにするため、サービス区分が設けられました。

・事業区分

　法人が実施する社会福祉事業、公益事業、収益事業それぞれの総体を指し、法人全体を、「社会福祉事業」、「公益事業」、「収益事業」の3つに区分します。

・拠点区分

　事業区分を、その事業区分に属する「拠点」（一体として運営される施設・事業所・事務所）別に区分します。

・サービス区分

　法令に根拠を持つ個々の事業を指し、拠点区分を、その拠点で実施する「事業」別に区分します。

◆ 現行基準

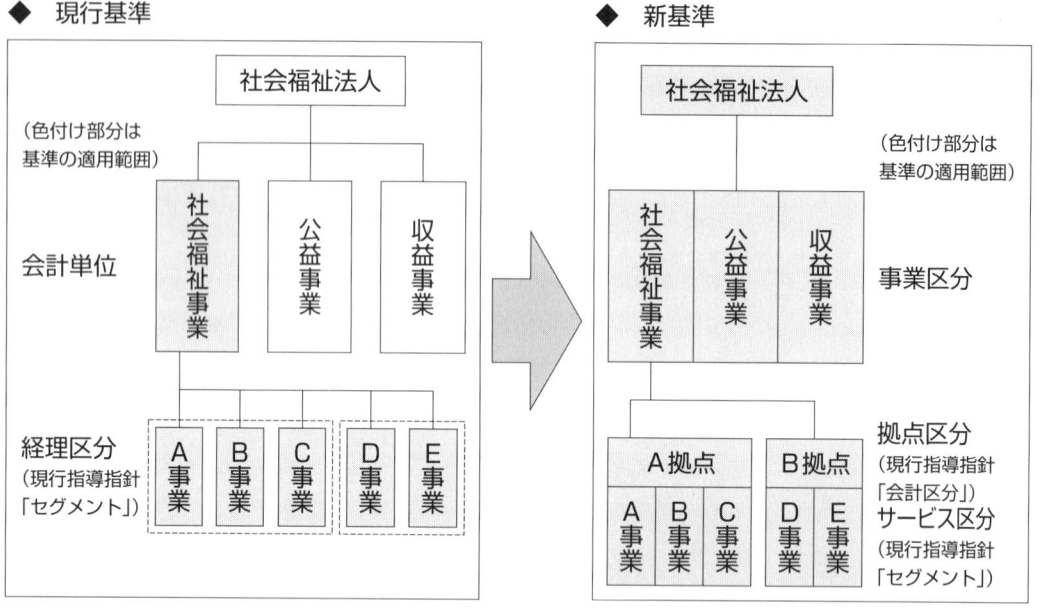

```
                社会福祉法人
                     │
       ┌─────────────┼─────────────┐
   社会福祉事業      公益事業      収益事業
       │
   ┌───┼───┐   ┌───┬───┐
   A   B   C   D   E
   事   事   事   事   事
   業   業   業   業   業
```

会計単位：社会福祉事業／公益事業／収益事業
（色付け部分は基準の適用範囲）

経理区分（現行指導指針「セグメント」）：A事業／B事業／C事業、D事業／E事業

◆ 新基準

```
           社会福祉法人
                │
   ┌────────────┼────────────┐
 社会福祉事業  公益事業   収益事業
       │
   ┌───┴───┐
  A拠点    B拠点
   │        │
 ┌─┼─┐    ┌─┐
 A B C    D E
 事 事 事  事 事
 業 業 業  業 業
```

事業区分：社会福祉事業／公益事業／収益事業
（色付け部分は基準の適用範囲）

拠点区分（現行指導指針「会計区分」）：A拠点／B拠点

サービス区分（現行指導指針「セグメント」）：A事業／B事業／C事業、D事業／E事業

（厚生労働省「社会福祉法人の新会計基準について」より）

第2節　社会福祉法人に対する消費税の考え方

1　消費税計算の概要

①　消費税計算の集計単位

社会福祉法人の経理上の区分については、前述のとおり、社会福祉法人会計基準により、サービス区分ごとに区分し、集計をしていくことになります。

消費税の計算については、サービス区分ごとに消費税の計算をするのではなく、法人が行う取引の一つひとつの取引について、消費税法上の課税取引、非課税取引、対象外取引などに区分したうえで、法人全体で集計し、消費税の計算を行います。

消費税集計イメージ

	A事業			B事業			法人合計		
	課　税	非課税	対象外	課　税	非課税	対象外	課　税	非課税	対象外
収　入									
費　用									
合　計									

　　　　　　　　　　　　　　　　　　　法人全体の取引を集計し消費税の計算を行います。

②　課税事業者の判定について

国内において事業者が行った資産の譲渡等には消費税が課税されます。そして、国内において行われる資産の譲渡等のうち一定のものについては消費税が非課税とされます。

社会福祉法人について、法人全体で集計を行い、基準期間における課税売上高が1,000万円以下の場合、及び特定期間における課税売上高が1,000万円以下の場合には消費税の課税事業者とはなりません。基準期間、及び特定期間における課税売上高が1,000万円を超える場合には消費税の課税事業者となり、消費税の計算が必要となります。（課税事業者の判定については第1章をご参照ください。）

2　非課税の範囲

　社会福祉法人に関連する消費税の取扱いは、消費税法別表第一（七）に下記項目について記載があります。
　① 　介護保険法に関連する非課税範囲
　② 　社会福祉法に関連する非課税範囲
　③ 　②に類する事業の非課税範囲
　上記のほか、公益事業や収益事業など、社会福祉事業以外の事業を合わせて行う場合には、それぞれの事業や取引に応じて消費税の課税、非課税、対象外などの判定を行う必要があります。

① 　介護保険関係の非課税範囲

　介護保険法に基づく次のサービスは、消費税が非課税とされています。

　ア　居宅介護サービス費の支給に係る居宅サービス（訪問介護、訪問入浴介護その他の政令で定めるものに限ります。）
　イ　施設介護サービス費の支給に係る施設サービス（政令で定めるものを除きます。）
　ウ　その他これらに類するものとして政令で定めるもの

　アの「居宅介護サービス費の支給に係る居宅サービス」、イの「施設介護サービス費の支給に係る施設サービス」については、要介護被保険者に対して支給される介護サービス費のほか、居宅介護サービス費に係る支給限度額を超えて提供される指定居宅サービスや、介護保険給付の対象から除かれる日常生活に要する費用など、居宅サービス及び施設サービスとして提供されるサービスの全部が該当します。

　なお、要介護者の選定による交通費など、平成12年大蔵省告示第27号「消費税法施行令第14条の２第１項、第２項及び第３項の規定に基づき財務大臣が指定する資産の譲渡等を定める件」に規定する資産の譲渡等については、非課税となる介護保険サービスから除かれ、消費税は課税取引となります。

　消費税が非課税となる介護サービスの具体例は以下のとおりとなります。
　ア　介護保険法の規定に基づく居宅介護サービス費の支給に係る居宅サービス
　　(ア)　居宅要介護者の居宅において介護福祉士等が行う訪問介護（居宅要介護者の選定による交通費を対価とする資産の譲渡等を除きます。）
　　(イ)　居宅要介護者の居宅を訪問し、浴槽を提供して行われる訪問入浴介護（居宅要介護者の選定による交通費を対価とする資産の譲渡等及び特別な浴槽水等の提供を除きます。）

(ウ) 居宅要介護者（主治の医師がその治療の必要の程度につき厚生労働省令で定める基準に適合していると認めたものに限ります。）の居宅において看護師等が行う訪問看護（居宅要介護者の選定による交通費を対価とする資産の譲渡等を除きます。）

(エ) 居宅要介護者（主治の医師がその治療の必要の程度につき厚生労働省令で定める基準に適合していると認めたものに限ります。）の居宅において行う訪問リハビリテーション（居宅要介護者の選定による交通費を対価とする資産の譲渡等を除きます。）

(オ) 居宅要介護者について病院、診療所又は薬局の医師、歯科医師、薬剤師、歯科衛生士、管理栄養士等が行う居宅療養管理指導

(カ) 居宅要介護者について、特別養護老人ホーム、養護老人ホーム、老人福祉センター、老人デイサービスセンター等の施設に通わせて行う通所介護（居宅要介護者の選定による送迎を除きます。）

(キ) 居宅要介護者（主治の医師がその治療の必要の程度につき厚生労働省令で定める基準に適合していると認めたものに限ります。）について介護老人保健施設、病院、診療所等に通わせて行う通所リハビリテーション（居宅要介護者の選定による送迎を除きます。）

(ク) 居宅要介護者について特別養護老人ホーム、養護老人ホーム、老人短期入所施設等に短期間入所させて行う短期入所生活介護（居宅要介護者の選定による、特別な居室の提供、特別な食事の提供及び送迎を除きます。）

(ケ) 居宅要介護者（その治療の必要の程度につき厚生労働省令で定めるものに限ります。）について介護老人保健施設及び療養病床を有する病院等に短期間入所させて行う短期入所療養介護（居宅要介護者の選定による特別な療養室等の提供、特別な食事の提供及び送迎を除きます。）

(コ) 有料老人ホーム、養護老人ホーム及び軽費老人ホームに入居している要介護者について行う特定施設入居者生活介護（居宅要介護者の選定により提供される介護その他の日常生活上の便宜に要する費用を対価とする資産の譲渡等を除きます。）

イ　介護保険法の規定に基づく施設介護サービス費の支給に係る施設サービス

(ア) 特別養護老人ホームに入所する要介護者について行われる介護福祉施設サービス（要介護者の選定による特別な居室の提供及び特別な食事の提供を除きます。）

(イ) 介護保険法の規定により都道府県知事の許可を受けた介護老人保健施設に入所する要介護者について行われる介護保健施設サービス（要介護者の選定による特別な療養室の提供及び特別な食事の提供を除きます。）

ウ　介護保険法の規定に基づく特例居宅介護サービス費の支給に係る訪問介護等又はこれに相当するサービス（要介護者の選定による交通費を対価とする資産の譲渡等、特別な浴槽水等の提供、送迎、特別な居室の提供、特別な療養室等の提供、特別な食事

の提供又は介護その他の日常生活上の便宜に要する費用を対価とする資産の譲渡等を除きます。)

エ 介護保険法の規定に基づく地域密着型介護サービス費の支給に係る地域密着型サービス

　(ア) 居宅要介護者の居宅において介護福祉士、看護師等が行う定期巡回・随時対応型訪問介護看護(居宅要介護者の選定による交通費を対価とする資産の譲渡等を除きます。)

　(イ) 居宅要介護者の居宅において介護福祉士等が行う夜間対応型訪問介護((ア)に該当するもの及び居宅要介護者の選定による交通費を対価とする資産の譲渡等を除きます。)

　(ウ) 居宅要介護者であって、脳血管疾患、アルツハイマー病その他の要因に基づく脳の器質的な変化により日常生活に支障が生じる程度にまで記憶機能及びその他の認知機能が低下した状態(以下「認知症」といいます。)であるものについて、特別養護老人ホーム、養護老人ホーム、老人福祉センター、老人デイサービスセンター等の施設に通わせて行う認知症対応型通所介護(居宅要介護者の選定による送迎を除きます。)

　(エ) 居宅要介護者の居宅において、又は機能訓練等を行うサービスの拠点に通わせ若しくは短期間宿泊させて行う小規模多機能型居宅介護(居宅要介護者の選定による送迎及び交通費を対価とする資産の譲渡等を除きます。)

　(オ) 要介護者であって認知症であるもの(その者の認知症の原因となる疾患が急性の状態にある者を除きます。)について、その共同生活を営む住居において行う認知症対応型共同生活介護

　(カ) 有料老人ホーム、養護老人ホーム及び軽費老人ホーム(その入居定員が29人以下のものに限ります。)に入居している要介護者について行う地域密着型特定施設入居者生活介護(要介護者の選定により提供される介護その他の日常生活上の便宜に要する費用を対価とする資産の譲渡等を除きます。)

　(キ) 特別養護老人ホーム(その入所定員が29人以下のものに限ります。)に入所する要介護者について行う地域密着型介護老人福祉施設入所者生活介護(要介護者の選定による特別な居室の提供及び特別な食事の提供を除きます。)

　(ク) 居宅要介護者についてアの(ア)から(ケ)までに該当するもの及びエの(ア)から(エ)までに該当するものを2種類以上組み合わせて行う複合型サービス(居宅要介護者の選定による送迎及び交通費を対価とする資産の譲渡等を除く。)

オ 介護保険法の規定に基づく特例地域密着型介護サービス費の支給に係る定期巡回・随時対応型訪問介護看護等、又はこれに相当するサービス(要介護者の選定による交通費を対価とする資産の譲渡等、送迎、特別な居室の提供、特別な食事の提供又は介

護その他の日常生活上の便宜に要する費用を対価とする資産の譲渡等を除きます。)

カ　介護保険法の規定に基づく特例施設介護サービス費の支給に係る施設サービス及び健康保険法等の一部を改正する法律附則第130条の２第１項《健康保険法等の一部改正に伴う経過措置》の規定によりなおその効力を有するものとされる同法第26条の規定による改正前の介護保険法の規定に基づく施設介護サービス費又は特例施設介護サービス費の支給に係る介護療養施設サービス（要介護者の選定による特別な居室の提供、特別な療養室の提供、特別な病室の提供又は特別な食事の提供を除きます。)

キ　介護保険法の規定に基づく介護予防サービス費の支給に係る介護予防訪問介護、介護予防訪問入浴介護、介護予防訪問看護、介護予防訪問リハビリテーション、介護予防居宅療養管理指導、介護予防通所介護、介護予防通所リハビリテーション、介護予防短期入所生活介護、介護予防短期入所療養介護及び介護予防特定施設入居者生活介護（以下「介護予防訪問介護等」といいます。）（要支援者の選定による交通費を対価とする資産の譲渡等、特別な浴槽水等の提供、送迎、特別な居室の提供、特別な食事の提供又は介護その他の日常生活上の便宜に要する費用を対価とする資産の譲渡等を除きます。)

ク　介護保険法の規定に基づく特例介護予防サービス費の支給に係る介護予防訪問介護等又はこれに相当するサービス（要支援者の選定による交通費を対価とする資産の譲渡等、特別な浴槽水等の提供、送迎、特別な居室の提供、特別な療養室等の提供、特別な食事の提供又は介護その他の日常生活上の便宜に要する費用を対価とする資産の譲渡等を除きます。)

ケ　介護保険法の規定に基づく地域密着型介護予防サービス費の支給に係る介護予防認知症対応型通所介護、介護予防小規模多機能型居宅介護及び介護予防認知症対応型共同生活介護（以下「介護予防認知症対応型通所介護等」といいます。）（居宅要支援者の選定による送迎及び交通費を対価とする資産の譲渡等を除きます。)

コ　介護保険法の規定に基づく特例地域密着型介護予防サービス費の支給に係る介護予防認知症対応型通所介護等又はこれに相当するサービス（居宅要支援者の選定による送迎及び交通費を対価とする資産の譲渡等を除きます。)

サ　介護保険法の規定に基づく居宅介護サービス計画費の支給に係る居宅介護支援及び同法の規定に基づく介護予防サービス計画費の支給に係る介護予防支援

シ　介護保険法の規定に基づく特例居宅介護サービス計画費の支給に係る居宅介護支援又はこれに相当するサービス及び同法の規定に基づく特例介護予防サービス計画費の支給に係る介護予防支援又はこれに相当するサービス

ス　介護保険法の規定に基づく市町村特別給付として要介護者又は居宅要支援者に対して行う食事の提供

(注) 食事の提供とは、平成12年厚生省告示第126号「消費税法施行令第14条の2第3項第11号の規定に基づき厚生労働大臣が指定する資産の譲渡等」に規定するものをいいます。

セ　介護保険法の規定に基づく地域支援事業として要支援者等に対して行う介護予防・日常生活支援総合事業に係る資産の譲渡等

(注) 介護予防・日常生活支援総合事業に係る資産の譲渡等とは、平成24年厚生労働省告示第307号「消費税法施行令第14条の2第3項第12号の規定に基づき厚生労働大臣が指定する資産の譲渡等」に規定する資産の譲渡等に限られます。

ソ　生活保護法又は中国残留邦人等の円滑な帰国の促進及び永住帰国後の自立の支援に関する法律の規定に基づく介護扶助又は介護支援給付のための次に掲げる介護

(ア)　居宅介護（生活保護法第15条の2第2項《介護扶助》に規定する訪問介護、訪問入浴介護、訪問看護、訪問リハビリテーション、居宅療養管理指導、通所介護、通所リハビリテーション、短期入所生活介護、短期入所療養介護、特定施設入居者生活介護、定期巡回・随時対応型訪問介護看護、夜間対応型訪問介護、認知症対応型通所介護、小規模多機能型居宅介護、認知症対応型共同生活介護、地域密着型特定施設入居者生活介護及び複合型サービス並びにこれらに相当するサービスに限ります。）

(イ)　施設介護（生活保護法第15条の2第4項に規定する地域密着型介護老人福祉施設入所者生活介護、介護福祉施設サービス及び介護保険施設サービス並びに健康保険法等の一部を改正する法律附則第130条の2第1項の規定によりなおその効力を有するものとされる同法附則第91条《生活保護法の一部改正》の規定による改正前の生活保護法の規定に基づく介護扶助のための介護（同条の規定による改正前の生活保護法第15条の2第1項第4号《介護扶助》に掲げる施設介護のうち同条第4項に規定する介護療養施設サービスに限ります。）をいいます。）

(ウ)　介護予防（生活保護法第15条の2第5項に規定する介護予防訪問介護、介護予防訪問入浴介護、介護予防訪問看護、介護予防訪問リハビリテーション、介護予防居宅療養管理指導、介護予防通所介護、介護予防通所リハビリテーション、介護予防短期入所生活介護、介護予防短期入所療養介護、介護予防特定施設入居者生活介護、介護予防認知症対応型通所介護、介護予防小規模多機能型居宅介護及び介護予防認知症対応型共同生活介護並びにこれらに相当するサービスに限ります。）

(注) (ア)及び(ウ)のこれらに相当するサービスとは、平成12年厚生省告示第190号「消費税法施行令第14条の2第3項第13号の規定に基づき厚生労働大臣が指定するサービス」に規定するサービスに限られます。

② 社会福祉関係の非課税範囲

①の介護関係に関する非課税のほか、社会福祉法に定める社会福祉事業、更生保護事業

法に定める更生保護事業については消費税が非課税となります。具体的な事業は以下のものとなります。

ア　第一種社会福祉事業

(ア)　生活保護法に規定する救護施設、更生施設その他生計困難者を無料又は低額な料金で入所させて生活の扶助を行うことを目的とする施設を経営する事業及び生計困難者に対して助葬を行う事業

(イ)　児童福祉法に規定する乳児院、母子生活支援施設、児童養護施設、障害児入所施設、情緒障害児短期治療施設又は児童自立支援施設を経営する事業

(ウ)　老人福祉法に規定する養護老人ホーム、特別養護老人ホーム又は軽費老人ホームを経営する事業

(エ)　障害者の日常生活及び社会生活を総合的に支援するための法律に規定する障害者支援施設を経営する事業（障害者支援施設を経営する事業において生産活動としての作業に基づき行われる資産の譲渡等を除きます。）

(オ)　売春防止法に規定する婦人保護施設を経営する事業

(カ)　授産施設を経営する事業及び生計困難者に対して無利子又は低利で資金を融通する事業（授産施設を経営する事業において生産活動としての作業に基づき行われる資産の譲渡等を除きます。）

イ　第二種社会福祉事業

(ア)　生計困難者に対して、その住居で衣食その他日常の生活必需品若しくはこれに要する金銭を与え、又は生活に関する相談に応ずる事業

(イ)　児童福祉法に規定する障害児通所支援事業、障害児相談支援事業、児童自立生活援助事業、放課後児童健全育成事業、子育て短期支援事業、乳児家庭全戸訪問事業、養育支援訪問事業、地域子育て支援拠点事業、一時預かり事業又は小規模住居型児童養育事業、同法に規定する助産施設、保育所、児童厚生施設又は児童家庭支援センターを経営する事業及び児童の福祉の増進について相談に応ずる事業

(ウ)　母子及び寡婦福祉法に規定する母子家庭等日常生活支援事業又は寡婦日常生活支援事業及び同法に規定する母子福祉施設を経営する事業

(エ)　老人福祉法に規定する老人居宅介護等事業、老人デイサービス事業、老人短期入所事業、小規模多機能型居宅介護事業、認知症対応型老人共同生活援助事業又は複合型サービス福祉事業及び同法に規定する老人デイサービスセンター、老人短期入所施設、老人福祉センター又は老人介護支援センターを経営する事業

(オ)　障害者の日常生活及び社会生活を総合的に支援するための法律に規定する障害福祉サービス事業、一般相談支援事業、特定相談支援事業又は移動支援事業及び同法に規定する地域活動支援センター又は福祉ホームを経営する事業（障害福祉サービス事業（同法第5条第7項、第13項又は第14項に規定する生活介護、就労移行支援

又は就労継続支援を行う事業に限る。）又は地域活動支援センターを経営する事業において生産活動としての作業に基づき行われる資産の譲渡等を除く。）

- (カ) 身体障害者福祉法に規定する身体障害者生活訓練等事業、手話通訳事業又は介助犬訓練事業若しくは聴導犬訓練事業、同法に規定する身体障害者福祉センター、補装具製作施設、盲導犬訓練施設又は視聴覚障害者情報提供施設を経営する事業及び身体障害者の更生相談に応ずる事業
- (キ) 知的障害者福祉法に規定する知的障害者の更生相談に応ずる事業
- (ク) 生計困難者のために、無料又は低額な料金で、簡易住宅を貸し付け、又は宿泊所その他の施設を利用させる事業
- (ケ) 生計困難者のために、無料又は低額な料金で診療を行う事業
- (コ) 生計困難者に対して、無料又は低額な費用で介護保険法に規定する介護老人保健施設を利用させる事業
- (サ) 隣保事業（隣保館等の施設を設け、無料又は低額な料金でこれを利用させることその他その近隣地域における住民の生活の改善及び向上を図るための各種の事業を行うものをいう。）
- (シ) 福祉サービス利用援助事業（精神上の理由により日常生活を営むのに支障がある者に対して、無料又は低額な料金で、福祉サービス（第一種社会福祉事業及びイ～ルの事業において提供されるものに限る。）の利用に関し相談に応じ、及び助言を行い、並びに福祉サービスの提供を受けるために必要な手続又は福祉サービスの利用に要する費用の支払に関する便宜を供与することその他の福祉サービスの適切な利用のための一連の援助を一体的に行う事業をいう。）
- (ス) 第1種社会福祉事業及び第2種社会福祉事業に関する連絡又は助成を行う事業

ウ　更生保護事業法に規定する更生保護事業

③　社会福祉事業に類する事業の非課税範囲

社会福祉法や更生保護事業法に該当しない事業であっても、次に該当する事業につきましては消費税が非課税となります。

ア　児童福祉法に規定する児童福祉施設を経営する事業として行われる資産の譲渡等及び児童福祉法に規定する保育所を経営する事業に類する事業として行われる資産の譲渡等として厚生労働大臣が財務大臣と協議して指定するもの

イ　児童福祉法の規定に基づき指定医療機関が行う治療等

ウ　児童福祉法に規定する児童の一時保護

エ　障害者の日常生活及び社会生活を総合的に支援するための法律の規定に基づき独立行政法人国立重度知的障害者総合施設のぞみの園がその設置する施設において行う介護給付費若しくは訓練等給付費又は特例介護給付費若しくは特例訓練等給付費の支給

に係る施設障害福祉サービス及び知的障害者福祉法の規定に基づき独立行政法人国立重度知的障害者総合施設のぞみの園がその設置する施設において行う更生援護
オ　介護保険法に規定する包括的支援事業として行われる資産の譲渡等（社会福祉法に規定する老人介護支援センターを経営する事業に類する事業として行われる資産の譲渡等として厚生労働大臣が財務大臣と協議して指定するものに限ります。）
カ　老人福祉法に規定する老人居宅生活支援事業、障害者自立支援法に規定する障害福祉サービス事業（居宅介護、重度訪問介護、同行援護、行動援護、短期入所及び共同生活援助に係るものに限ります。）その他これらに類する事業として行われる資産の譲渡等のうち、国又は地方公共団体の施策に基づきその要する費用が国又は地方公共団体により負担されるものとして厚生労働大臣が財務大臣と協議して指定するもの
（注）上記カについての具体的な事業は以下の内容となります。
　　（消費税法施行令第14条の3第6号の規定に基づき厚生労働大臣が指定する資産の譲渡等　平成3年厚生省告示第129号）
　　　次に掲げる事業のうち、その要する費用の2分の1以上を国又は地方公共団体により負担される事業として行われる資産の譲渡等について消費税が非課税となります。
　　1　次の①に記載する者に対して行う②に記載する事業
　　　①　次に掲げる者
　　　　・身体に障害のある18歳に満たない者若しくはその者を現に介護する者
　　　　・知的障害の18歳に満たない者若しくはその者を現に介護する者
　　　　・身体障害者福祉法第4条に規定する身体障害者若しくはその者を現に介護する者
　　　　・知的障害者若しくはその者を現に介護する者
　　　　・精神保健及び精神障害者福祉に関する法律第5条に規定する精神障害者若しくはその者を現に養護する者
　　　　・身体上又は精神上の障害があるために日常生活に営むのに支障のある65歳以上の者（65歳未満であって特に必要があると認められる者を含む。）若しくはその者を現に養護する者
　　　　・母子及び寡婦福祉法第6条に規定する配偶者のない女子若しくはその者に現に扶養されている20歳に満たない者
　　　　・65歳以上の者のみにより構成される世帯に属する者
　　　　・配偶者のない男子（配偶者の生死が明らかでない者を含む。）に現に扶養されている20歳に満たない者若しくはその者を扶養している当該配偶者のない男子又は父及び母以外の者に現に扶養されている20歳に満たない者若しくはその者を扶養している
　　　②　次に掲げる事業
　　　　・居宅において入浴、排せつ、食事等の介護その他の日常生活を営むのに必要な便宜を供与する事業
　　　　・施設に通わせ、入浴、食事の提供、機能訓練、介護方法の指導その他の便宜を供与する事業
　　　　・居宅において介護を受けることが一時的に困難になった者を、施設に短期間入所させ、

養護する事業
2　身体障害者、知的障害者又は精神障害者が共同生活を営むべき住居において食事の提供、相談その他の日常生活上の援助を行う事業
3　原子爆弾被爆者に対する援護に関する法律第1条に規定する被爆者であって、居宅において介護を受けることが困難な者を施設に入所させ、養護する事業
4　身体に障害がある児童、身体障害者、身体上又は精神上の障害があるために日常生活を営むのに支障のある65歳以上の者又は65歳以上の者のみにより構成される世帯に属する者（以下「身体に障害がある児童等」という。）に対してその者の居宅において入浴の便宜を供与する事業
5　身体に障害がある児童に対してその者の居宅において食事を提供する事業

第3節　高齢者福祉事業者の課税・非課税取引

1　利用者負担金の課税・非課税

　高齢者福祉事業に関する収入については、前述のとおり居宅介護サービス、施設サービスなどについては基本的に消費税は非課税となりますが、下記に記載する自己選定による交通費や、特別な居室の提供費用などの一定の収入については消費税が課税扱いとなります。

2　消費税が課税となる介護サービス等

① 　居宅サービスに係る課税取引

　ア　訪問介護

　　居宅要介護者の選定による交通費

　イ　訪問入浴介護

　　居宅要介護者の選定による交通費、特別な浴槽水等の提供

　ウ　訪問看護

　　居宅要介護者の選定による交通費

　エ　訪問リハビリテーション

　　居宅要介護者の選定による交通費

　オ　通所介護

　　居宅要介護者の選定による送迎費

　カ　通所リハビリテーション

　　居宅要介護者の選定による送迎費

　キ　短期入所生活介護

　　居宅要介護者の選定による特別な居室費、特別な食事費、送迎費

　ク　短期入所療養介護

　　居宅要介護者の選定による特別な居室費、特別な食事費、送迎費

　ケ　特定施設入居者生活介護

　　居宅要介護者の選定による便宜に要する費用

② 　施設サービスに係る課税取引

　ア　指定介護老人福祉施設

　　要介護者の選定による特別な居室費、特別な食事費

イ 介護老人保健施設

   要介護者の選定による特別な療養室費、特別な食事費

  ウ 指定介護療養型医療施設

   要介護者の選定による特別な病室費、特別な食事費

③ 居宅サービス、施設サービスに類するサービスに係る課税取引

  ア 定期巡回・随時対応型訪問介護看護

   利用者の選定による交通費

  イ 夜間対応型訪問介護

   利用者の選定による交通費

  ウ 認知症対応型通所介護

   利用者の選定による送迎費

  エ 小規模多機能型居宅介護

   利用者の選定による送迎費、交通費

  オ 地域密着型特定施設入居者生活介護

   利用者の選定により提供される介護等の日常生活上の便宜に要する費用

  カ 地域密着型介護老人福祉施設入所者生活介護

   特別な居室の提供費用、特別な食事の提供費用

  キ 複合型サービス

   利用者の選定による送迎費、交通費

  ク 介護予防訪問介護

   利用者の選定による交通費

  ケ 介護予防訪問入浴介護

   利用者の選定による交通費、特別な浴槽水等の提供費用

  コ 介護予防訪問看護

   利用者の選定による交通費

  サ 介護予防訪問リハビリテーション

   利用者の選定による交通費

  シ 介護予防通所介護

   利用者の選定による送迎費

  ス 介護予防通所リハビリテーション

   利用者の選定による送迎費

  セ 介護予防短期入所生活介護

   利用者の選定による特別な居室の提供費用、特別な食事の提供費用、送迎費

ソ　介護予防短期入所療養介護

　　利用者の選定による特別な療養室等の提供費用、特別な食事の提供費用、送迎費

タ　介護予防特定施設入居者生活介護

　　利用者の選定により提供される介護等の日常生活上の便宜に要する費

チ　介護予防認知症対応型通所介護

　　利用者の選定による送迎費

ツ　介護予防小規模多機能型居宅介護

　　利用者の選定による送迎費用、交通費

テ　市町村特別給付

　　配食サービスを除く事業

(参考)

事　務　連　絡
平成12年8月9日

各都道府県介護保険主管課（室）御中

厚生省老人保健福祉局介護保健課
計　画　課
振　興　課
老人保健課

　　　　　介護保険法の施行に伴う消費税の取扱について（平成12年8月9日事務連絡）

　介護保険法（平成9年法律第123号）に定める居宅サービス等に係る消費税の取扱については、介護保険法施行法（平成9年法律第124号）及び介護保険法及び介護保険法施行法の施行に伴う関係政令の整備等に関する政令（平成11年政令第262号）等により、消費税法（昭和63年法律第108号）及び消費税法施行令（昭和63年政令第360号）等の関係法令が改正され、平成12年4月1日より施行されているところであるが、種々問い合わせがあることから、その内容について下記のとおりお示しすることとしたので、内容を御了知のうえ、貴都道府県内市町村、関係団体、関係機関等にその周知徹底を図るとともに、その運用に遺憾のないようにされたい。

記

1　消費税が非課税となる介護保険サービス等の範囲

（1）居宅介護サービスの支給に係る居宅サービス

【消費税法別表第一第七号イ、消費税法施行令第14条の2第1項、平成12年2月10日大蔵省告示第27号】

消費税が非課税となる居宅サービスとは、介護保険法の規定に基づき、「指定居宅サービス事業者（介護保険法41①）」により行われる同法第7条第6項から第16項までに規定する「訪問介護」「訪問入浴介護」「訪問看護」「訪問リハビリテーション」「居宅療養管理指導」「通所介護」「通所リハビリテーション」「短期入所生活介護」「短期入所療養介護」「認知症対応型共同生活介護」及び「特定施設入居者生活介護」（以下「訪問介護等」という。）が該当する。したがって、'指定居宅サービス事業者により行われる訪問介護等'であれば、居宅要介護被保険者の利用料を含めた介護保険サービス全体が非課税となるとともに、居宅介護サービス費支給限度額（介護保険法43）を超えて行われる訪問介護等についても非課税となるものである。

ただし、これらの介護保険サービスの一環として提供されるサービスであっても、利用者の選定に基づき提供されるサービス（3（3）ウ①～⑦）については、非課税とならないものであるから留意されたい。

（2）施設介護サービス費の支給に係る施設サービス

【消費税法別表一第七号イ、消費税法施行令第14条の2第2項、平成12年2月10日大蔵省告示第27号】

消費税が非課税となる施設サービスの範囲は、以下のとおりである。

　イ　指定介護老人福祉施設に入所する要介護被保険者（介護保険法施行法第13条第3項により要介護被保険者とみなされた旧措置入所者を含む。）に対して行われる指定介護福祉施設サービス（介護保険法48①一）

　ロ　介護老人保健施設に入所する要介護被保険者に対して行われる介護保険施設サービス（介護保険法48①二）

　ハ　介護療養型医療施設の療養型病床群等に入院する要介護被保険者に対して行われる指定介護療養施設サービス（介護保険法48①三）

　　　ただし、イからハに掲げる施設サービスの一環として提供されるサービスであっても、入所者、入居者及び入院患者の選定に基づき行われる特別な居室等や特別な食事の提供（3（3）ウ⑨～⑪）は、非課税とならないものであるから留意されたい。

（3）（1）又は（2）に類する介護保険サービス

【消費税法別表第一第七号イ、消費税法施行令第14条の2第3項、平成12年2月10日大蔵省告示第27号】

「居宅介護サービス費の支給に係る居宅サービス」又は「施設介護サービス費の支給に係る施設サービス」に類するものとして、消費税が非課税となるサービスは以下のとおりである。

　イ　特例居宅介護サービス費（介護保険法42）の支給に係る訪問介護等又はこれに相

当するサービス

　ロ　特例施設介護サービス費（介護保険法49）の支給に係る施設サービス

　ハ　居宅支援サービス費（介護保険法53）の支給に係る訪問介護等（認知症対応型共同生活介護（介護保険法7⑮を除く。）

　ニ　特例居宅支援サービス費（介護保険法54）の支給に係る訪問介護等（認知症対応型共同生活介護（介護保険法7⑮を除く。）又はこれに相当するサービス

　ホ　居宅介護サービス計画費（介護保険法46）又は居宅支援サービス計画費（介護保険法58）の支給に係る居宅介護支援

　ヘ　特例居宅介護サービス計画費（介護保険法47）又は特例居宅支援サービス計画費（介護保険法59）の支給に係る居宅介護支援又はこれに相当するサービス

　ト　市町村特別給付（介護保険法62）として行われる資産の譲渡等のうち訪問介護等に類するものとして厚生大臣が大蔵大臣と協議して指定するものとして、要介護者等に対してその者の居宅において食事を提供する事業（平成12年3月30日厚生省告示第126号）

　チ　生活保護法（昭和25年法律第144号）の規定に基づく介護扶助のための居宅介護（同法第15条の2第2項（介護扶助）に規定する訪問介護、訪問入浴介護、訪問看護、訪問リハビリテーション、居宅療養管理指導、通所介護、通所リハビリテーション、短期入所生活介護、短期入所療養介護、認知症対応型共同生活介護及び特定施設入所者生活介護並びにこれらに相当するサービス）及び施設介護

　（注）チに掲げる介護扶助のための居宅介護には、次に掲げるサービスが含まれる（平成12年3月31日厚生省告示第190号）。

　　　①　介護保険法第42条第1項第2号若しくは第3号又は第54条第1項第2号若しくは第3号に掲げる場合に介護扶助として行われるサービス

　　　②　生活保護法第15条の2第3項に規定する居宅介護支援計画を作成するサービス

　なお、イからチに掲げるサービスの一環として提供されるものであっても、利用者、入所者、入居者及び入院患者（以下「利用者等」という。）の選択に基づき行われる特別な居室や特別な食事等（3（3）ウ①～⑪）については、非課税とならないものであるから留意されたい。

2　1に該当しない介護保険サービスについて

　次に掲げる介護保険サービスは、消費税が非課税となる介護保険サービス（1に掲げる介護保険サービス等）に該当しないものであるから留意されたい。

（1）介護保険法第7条第17項に規定する「福祉用具貸与」（生活保護法の規定に基づく介護扶助として行われる福祉用具貸与を含む。）

　（注）当該福祉用具が、身体障害者用物品（平成3年6月7日厚生省告示第130号に規定するものをいう。以下同じ。）に該当する場合には、身体障害者用物品の貸付として非課税となる。

（2）介護保険法第40条第3号又は第52条第3号に掲げる「居宅介護（支援）福祉用具購入

費の支給に係る福祉用具購入」及び同法第40条第4号又は第52条第4号に掲げる「居宅介護（支援）住宅改修費の支給に係る住宅改修」（生活保護法の規定に基づく介護扶助として行われる居宅介護福祉用具購入及び居宅介護住宅改修を含む。）

(注) 居宅介護（支援）福祉用具購入費の支給に係る福祉用具購入については、当該福祉用具が身体障害者用物品に該当する場合には、身体障害者用物品の譲渡として非課税となる。

3 その他留意事項

（1）「（特例）居宅介護（支援）サービス費の支給に係る」について消費税法及び消費税法施行令に規定する「（特例）居宅介護（支援）サービス費の支給に係る」とは、介護保険法の規定に基づき、保険者から要介護被保険者等（介護保険法第62条に規定する要介護被保険者等をいう。以下同じ。）に対して、支給される（特例）居宅介護（支援）サービス費に対応するサービスに限定するものではなく、非課税となる居宅サービスの種類を介護保険法に規定する居宅サービスとして特定する規定である。したがって、介護保険法第43条又は第55条に規定する居宅介護（支援）サービス費支給限度額を超えて提供される居宅サービスのように、（特例）居宅介護（支援）サービス費が支給されないサービスであっても、要介護被保険者等に対して提供される居宅サービスについては、非課税となるものであることに留意されたい。

（2）要介護被保険者等が負担する利用料の取扱い

（特例）居宅介護（支援）サービス費及び施設介護サービス費の支給対象となるサービスについては、利用料も含めサービス全体（3（3）ウに掲げる費用を除く。）が非課税となることに留意されたい。

（3）「日常生活に要する費用」及び「利用者の選定に係る費用」の取扱い

ア 介護サービスの性質上、当然にそのサービスに付随して提供されることが予定される便宜であって、日常生活に要する費用（食事の提供に要する費用やおむつ代等）については、消費税法及び消費税法施行令に規定する（特例）居宅介護（支援）サービス費の支給に係る居宅サービス又は施設介護サービス費の支給に係る施設サービスに含まれ非課税となるものであるが、介護サービスに付随して提供されるサービスであっても、要介護被保険者等の選定に係るサービスについては、非課税対象となる介護保険サービスから除かれていることに留意されたい。

なお、具体的な取扱いは以下のとおりである。

(注) 日常生活に要する費用の範囲については、これまでにも平成12年3月30日老企第54号及び同3月31日のその他の日常生活費に係るQ&Aにおいてお示ししているところであるが、今後も必要に応じて適宜Q&A等において必要な情報を提供していくので、遺漏のないようにされたい。

イ 非課税となる居宅サービス又は施設サービスに含まれるもの

① 通所介護及び通所リハビリテーションについては、指定居宅サービス等の事業の人員、設備及び運営に関する基準（平成11年厚生省令第37号。以下「基準省令」と

いう。）第96条第3項第2号から第5号に掲げる時間延長に伴う実費負担部分、食事の提供に要する費用、おむつ代、その他通所介護又は通所リハビリテーションにおいて提供される便宜のうち、日常生活においても通常必要となるものに係る費用であって、その利用者に負担させることが適当と認められるもの

② 短期入所生活介護及び短期入所療養介護については、基準省令第127条第3項第1号、第2号、第6号及び第7号並びに基準省令第140条の6第3項第1号、第2号、第6号及び第7号に掲げる食事の提供に要する費用、滞在に要する費用、理美容代、その他短期入所生活介護又は短期入所療養介護において提供される便宜のうち、日常生活においても通常必要となるものに係る費用であって、その利用者に負担させることが適当と認められるもの又は同令第145条第3項第1号、第2号、第6号及び第7号並びに第155条の5第3項第1号、第2号、第6号及び第7号に掲げる食事の提供に要する費用、滞在に要する費用、理美容代、その他短期入所生活介護又は短期入所療養介護において提供される便宜のうち、日常生活においても通常必要となるものに係る費用であって、その利用者に負担させることが適当と認められるもの

③ 認知症対応型共同生活介護については、基準省令第162条第3項第1号から第4号に掲げる食材料費、理美容代、おむつ代、その他認知症対応型共同生活介護において提供される便宜のうち、日常生活においても通常必要となる者に係る費用であって、その利用者に負担させることが適当と認められるもの

④ 特定施設入所者生活介護については、基準省令第182条第3項第2号及び第3号に掲げるおむつ代、その他特定施設入所者生活介護において提供される便宜のうち、日常生活においても通常必要となるものに係る費用であって、その利用者に負担させることが適当と認められるもの

⑤ 指定介護福祉施設サービスについては指定介護老人福祉施設の人員、設備及び運営に関する基準（平成11年厚生省令第39号）第9条第3項第1号、第2号、第5号及び第6号並びに同令第41条第3項第1号、第2号、第5号及び第6号に掲げる食事の提供に要する費用、居住に要する費用、理美容代及び指定介護福祉施設サービスにおいて供与される便宜のうち、日常生活においても通常必要となるものに係る費用であって、その入所者に負担させることが適当と認められるもの

⑥ 介護保険施設サービスについては、介護老人保健施設の人員、施設及び設備並びに運営に関する基準（平成11年厚生省令第40号）第11条第3項第1号、第2号、第5号及び第6号並びに同令第42条第3項第1号、第2号、第5号及び第6号に掲げる食事の提供に要する費用、居住に要する費用、理美容代及び指定介護保険施設サービスにおいて提供される便宜のうち、日常生活においても通常必要となるものに係る費用であって、その入所者及び入居者に負担させることが適当と認められるもの

⑦ 指定介護療養施設サービスについては、指定介護療養型医療施設の人員、設備及び運営に関する基準（平成11年厚生省令第41号）第12条第3項第1号、第2号、第

５号及び第６号並びに同令第42条第３項第１号、第２号、第５号及び第６号に掲げる食事の提供に要する費用、居住に要する費用、理美容代及び指定介護療養施設サービスにおいて供与される便宜のうち、日常生活においても通常必要となるものに係る費用であって、その入院患者に負担させることが適当と認められるもの

ウ　(特例)居宅介護(支援)サービス費の支給に係る居宅サービス、(特例)居宅介護(支援)サービス計画費の支給に係る居宅介護支援又は施設介護サービス費の支給に係る施設サービスから除かれるサービス(課税となるもの)

①　訪問介護、訪問看護及び訪問リハビリテーションについては、基準省令第20条第３項、第66条第３項及び第78条第３項に規定する交通費

②　訪問入浴介護については、基準省令第48条第３項第１号に規定する交通費及び同項第２号に掲げる特別な浴槽水等の提供に係る費用

③　居宅療養管理指導については、基準省令第87条第３項に規定する交通費

④　通所介護及び通所リハビリテーションについては、基準省令第96条第３項第１号及び同令第119条の規定により準用される同令第96条第３項第１号に掲げる送迎費

⑤　短期入所生活介護については、基準省令第127条第３項第３号から第５号並びに同令第140条の６第３項第３号から第５号に掲げる特別な居室の提供、特別な食事の提供に掲げる送迎費

⑥　短期入所療養介護については、基準省令第145条第３項第３号から５号並びに同令第155条の５第３項第３号から第５号に掲げる特別な療養室等の提供、特別な食事の提供及び送迎費

⑦　特定施設入所者生活介護については、基準省令第182条第３項第１号に掲げる費用

⑧　居宅介護支援については、指定居宅介護支援等の事業の人員及び運営に関する基準(平成11年厚生省令第第38号)第10条第２項に規定する交通費

⑨　指定介護福祉施設サービスについては、指定介護老人福祉施設の人員、設備及び運営に関する基準(平成11年厚生省第39号)第９条第３項第３号及び第４号並びに同令第41条第３項第３号及び第４号に掲げる特別な居室の提供及び特別な食事の提供

⑩　介護保険施設サービスについては、介護老人保健施設の人員、施設及び設備並びに運営に関する基準第11条第３項３号及び第４号並びに同令第42条第３項第３号及び第４号に掲げる特別な療養室の提供及び特別な食事の提供

⑪　指定介護療養施設サービスについては、指定介護療養型医療施設の人員、設備及び運営に関する基準第12条第３項第３号及び第４号並びに同令第42条第３項第３号及び第４号に掲げる特別な病室の提供及び特別な食事の提供

(注)　利用者の選定に基づき提供される上記サービスについては、通常のサービスを利用した場合の費用との差額部分のみが課税となるものであることに留意されたい。

(参照)　料金でなく、費用とするのは、たとえば3000円特別食の場合、(3000円－基本食費

サービス費2120円）×1.05の計算であって、（3000－760）×1.05でないため。

(4) 福祉用具貸与等に係る費用の取扱い

　非課税とならない福祉用具貸与、福祉用具購入及び住宅改修に係る保険給付は、その要した費用について行われるものであることから、消費税相当分を含む費用の総額が保険給付の対象となる。

(5) 介護保険サービスの委託に関する取扱い

　通所介護事業者、通所リハビリテーション事業者、短期入所生活介護事業者、短期入所療養介護事業者及び介護保険施設においては、調理業務、洗濯等の利用者等の処遇に直接影響を及ぼさない業務については、上記事業者の従業者以外の第三者に業務を委託することが可能であるが、居宅サービス事業者等が上記業務を委託する場合における受託者に対する委託に係る対価については、受託者が委託者たる居宅サービス事業者等に対してサービスを提供するものであり、消費税が非課税となる上記1に掲げる介護保険サービスに該当しないものであることから、消費税の課税対象となる者であることに留意されたい。（特定施設入所者生活介護事業者が業務の一部を他の事業者に委託する場合も同様である。）

(6) その他

① 医療保険各法、老人保健法の対象となる療養若しくは医療及び社会福祉事業法に規定する社会福祉事業等に係る消費税の取扱いは従前どおりであり、それぞれ消費税法別表第1第六号、第7号ロ及びハ及び第十号に基づく法令の定めるところによる。

② 特定施設入所者生活介護及び福祉用具については、平成12年2月28日老振第13号、第14号厚生省老人保健福祉局老人福祉振興課長通知において、具体的な取扱を示しているので参照されたい。

③ 市町村が指定居宅介護支援事業者等に認定調査を委託する場合に、指定居宅介護支援事業者等が市町村より収受する委託料は消費税の課税対象となるものであること。

④ 被保険者の主治医が、要介護認定等における主治医意見書記載に係る対価として市町村長より収受する費用（主治の医師がなく、主訴等もない被保険者に係る医師の意見書記載に係る対価（初診料相当分及び検査を必要とする場合に検査費用）を含む。）については、消費税の課税対象となるものであること。

3 身体障害者用物品の販売等

　身体障害者用物品の販売・貸与については、その物品が義肢、盲人安全つえ、義眼、点字器、人工喉頭、車椅子その他の物品で、身体障害者の使用に供するための特殊な性状、構造又は機能を有する物品として厚生労働大臣が財務大臣と協議して指定されたものであるときは、その資産の譲渡等については消費税が非課税となります。

(参考)

○消費税法の一部を改正する法律（平成3年法律第73号）の施行に伴う身体障害者用物品の非課税扱いについて

平成3年9月26日社更第199号・児障第29号・児母衛第32号各都道府県知事・各指定都市あて厚生省社会局更生・児童家庭局障害福祉・母子衛生課長連名通知
改正　平成26年3月31日　障企発0331第1号

　今般、消費税法の一部を改正する法律（平成3年法律第73号）が本年5月15日に、関係政省令、告示が6月7日及び9月26日に、それぞれ交付され、10月1日から施行されることとなった。
　今回の改正により、一定の身体障害者用物品が非課税とされることになったが、その具体的内容は左記のとおりであるので、御了知の上、管下市町村、関係機関、関係団体、関係事業者等に周知徹底を図るとともに必要な指導を行い、その運用に遺憾のないようにされたい。

記

第1　共通的事項
　1　改正の概要
　　　身体障害者の使用に供するための特殊な性状、構造又は機能を有する物品であって、厚生労働大臣が財務大臣と協議して指定したものに係る譲渡、貸付け、製作の請負及び一定の物品に係る一定の修理が非課税となるものであること。
　2　一般的注意事項
（1）　障害者の日常生活及び社会生活を総合的に支援するための法律（以下「障害者総合支援法」という。）等に基づき給付される補装具、日常生活用具とは必ずしも一致しないものであり、これらの制度の対象となっていない物品であっても、非課税対象となるものもあること。
（2）　障害者総合支援法等に基づき給付される補装具、日常生活用具のみならず、一般購入した場合であっても非課税となるものであって、非課税措置を受けるに当たっては、購入時に身体障害者手帳を提示するなどの手続きは不要であること。

（3） 非課税対象となるのは、告示に該当する物品（当該物品と一体として譲渡等がなされる一定の付属品を含む。）であって、部品、付属品のみの単体の譲渡等は、非課税対象とはならないものであること。

（4） 資産の譲渡等の時期は、原則として実際に物品の引渡しがあった時点であること。

第2 個別品目の具体的範囲（改造自動車に係るものを除く。）

　非課税対象となる身体障害者用物品は、平成3年6月厚生省告示第130号に示されたとおりであるが、その具体的内容及び留意事項は以下のとおりである。

1　義肢
2　装具

（1） 補装具の種目、購入又は修理に要する費用の額の算定等に関する基準（平成18年厚生労働省告示第528号。以下「補装具告示」という。）の別表の1の（3）の基本構造欄に掲げる構造を有し、使用材料・部品及び工作法欄に掲げる部品を用い、かつ、個別に採寸等を行い製作されるものに限られるものであること。

（2） 採寸等を行う者は、製作業者本人に限られず、医師等が行うものも含まれること。

（3） 非課税扱いとするためには、医師が作成する処方箋又は個別に採寸等を行った記録を保管しておく必要があること。

3　座位保持装置

　機能障害の状況に適合させるため、体幹、股関節等を固定するためのパッド等の付属装置を装備し、安定した座位姿勢の保持を可能にする機能を有するものであること。

4　盲人安全つえ
5　義眼
6　眼鏡

（1） 弱視眼鏡及び遮光眼鏡に限られ、色めがね、矯正眼鏡及びコンタクトレンズは含まれないこと。

（2） 弱視眼鏡とは、弱視者が医師の処方により使用するもので、対物レンズ及び接眼レンズからなる掛け眼鏡式又は焦点調整式の単眼鏡をいうものであること。

（3） 遮光眼鏡とは、網膜色素変性症、白子症、先天無虹彩症及び錐体杆体ジストロフィー等により羞明感がある者が医師の処方により使用するもので、可視光のうちの一部の透過を抑制し、分光透過率曲線が公表されているものであること。

（4） レンズ及び枠が一体となったものが非課税対象になるものであること。

7　点字器
8　補聴器

　補装具告示の別表の1の（5）の基本構造欄に定める構造を有するものに限られること。

9　人工喉頭

10 車椅子
（1） 介助用の手押し型車椅子も含まれるものであること。
（2） シャワーチェアー等の屋内用のキャスター付きの椅子は該当しないものであること。
11 電動車椅子
12 歩行器
（1） 歩行が困難な者の歩行を補助する機能を有し、歩行時に体重を支える構造を有するものであること。
（2） 4脚を有するものにあっては上肢で保持して移動させることが可能なもの、車輪を有するものにあっては使用時に体の前又は後ろ及び左右の把手等が体を囲む形状を有し、かつ、歩行の障害となる構造物を有しないものであること。
（3） 車輪を有するもので、成人用のものについては、次に掲げる条件を満たすものであること。
　　イ　左右に分離したハンドグリップを有するものにあっては、次に掲げる条件の全てを満たすこと。
　　　（イ）　ハンドグリップ部分（ハンドグリップに連結するフレーム類を含む。）の長さ（ハンドグリップ部分の径の中心点の位置で水平に測った長さ）は、15cm以上であること。
　　　（ロ）　ハンドグリップ部分の左右の幅（間隔）は、ハンドグリップ部分のあらゆる部位から37cm以上（内寸法）であること。ただし、3輪のものにあっては、ハンドグリップの後部上端から前方15cmの部位において37cm以上（内寸法）であること。
　　　（ハ）　（イ）及び（ロ）に規定する寸法（15cm及び37cm）で囲まれた面から鉛直下方向に一切の構造物がないこと。（歩行時に構造物を折り畳む等により可能となる場合は、これに含まれる。）
　　ロ　肘を載せるためのU字形のフレーム又は台等を有するものにあっては、これらフレームや台等が両肘を載せた状態で体の前及び左右を囲い込むものであって、その奥行きは20cm以上（内寸法）であること。
　　ハ　把手等のあらゆる部位からの鉛直線は、車輪が路面等と接する各支持点を結んでつくられる面内にあること。
　　ニ　足を踏み出した状態で歩行に支障となるような左右の車輪や構造物を連結するフレーム等がないこと。
（4）「把手等」とは、手で握る又は肘を載せるためのフレーム、ハンドグリップ類をいい、「体の前又は後ろ及び左右の把手等が体を囲む形状を有し」とは、これらの把手等を体の前又は後ろと体の左右の両方のいずれにも有することをいう。ただし、体の前の把手等については、必ずしも手で握る又は肘を載せる機能を有していなくても、左右の把手等を連結するためのフレーム類でもよいこと。

13　頭部保護帽
（1）　個別に採寸等を行い製作されるものに限られるものであること。
（2）　採寸等を行う者は、製作業者本人に限られず、医師等が行うものも含まれること。
（3）　非課税扱いとするためには、医師が作成する処方箋又は個別に採寸等を行った記録を保管しておく必要があること。
14　装着式収尿器
15　ストマ用装具
16　歩行補助つえ
　　松葉づえ、カナディアン・クラッチ、ロフストランド・クラッチ、多点杖及びプラットホーム杖に限られ、それ以外のつえは、該当しないものであること。
17　起立保持具
　　足首、膝関節、大腿等をベルト等により固定することにより、起立困難な児童の起立を補助する機能を有するものであること。
18　頭部保持具
　　車椅子等に装着し、身体に障害を有する児童の頭部を固定する機能を有するものであること。
19　座位保持椅子
　　児童の機能障害の状況に適合させるため、体幹、股関節等を固定するためのパッド等の付属装置を装備し、座位を保持することを可能にする機能を有する椅子であること。
20　排便補助具
（1）　身体に障害を有する児童の排便を補助するものであって、パッド等を装着することにより、又は背もたれ及び肘掛けを有する椅子状のものであることにより、座位を保持しつつ、排便することを可能にする機能を有するものであること。
（2）　移動可能なものに限られ、据付式のものは含まれないこと。
（3）　便座の内孔の左右の最大径の幅が15cm以下のものに限られるものであること。
21　視覚障害者用ポータブルレコーダー
　　音声により操作ボタン及び操作方法に関する案内を行う機能を有し、かつ、DAISY方式による録音又は再生が可能な機能を有する製品であって、平成3年6月厚生省告示第130号で指定されている製品が該当するものであること。
22　盲人用時計
　　腕時計又は懐中時計であって、文字盤に点字等があり、文字盤及び針に直接触れることができる構造を有するものに限られるものであること。
23　盲人用カナタイプライター
　　専ら片仮名又は平仮名で印字する機能を有するものであって、キーの位置を確認できる凸線等の印がついているものであること。
24　点字タイプライター

点字の6点に対応したレバーを叩き、点字のみで印字する機能を有するものであること。
25　盲人用電卓
入力結果及び計算結果を音声により伝える機能を有するものであること。
26　盲人用体温計
検温結果を、音声により伝える機能を有するものであること。
27　盲人用秤
家庭用上皿秤であって、文字盤に点字等があり、文字盤及び針に直接触れることができる構造を有するものであること。
28　点字図書
（1）　点字で説明等が施されている凸図表を含むものであること。
（2）　図書には、パンフレット等も含むものであること。
（3）　教科用図書は含まれないものであること。
28の2　盲人用体重計
計測結果を音声により伝える機能を有するもの又は文字盤に点字等があり、静止させた文字盤及び針に直接触れることができる構造を有するものであること。
28の3　視覚障害者用拡大読書器
視力に障害を有する者の読書等を容易にするものであって、文字等を撮像し、モニター画面に拡大して映し出すための映像信号に変換して出力する機能を有するもので、平成3年6月厚生省告示第130号で指定されている製品が該当するものであること。
28の4　歩行時間延長信号機用小型送信機
電波を利用して、符号を送り、歩行者の前方の信号機の表示する信号が青色である時間を延長することができるものであること。
28の5　点字ディスプレイ
文字等のコンピュータの画面情報を点字等により示す機能を有するものであること。
28の6　視覚障害者用活字文書読上げ装置
視力に障害を有する者の情報の入手を容易にする製品であって、文字情報と同一紙面上に記載された当該文字情報を暗号化した情報を読み取り、音声信号に変換して出力する機能を有するものであること。
28の7　視覚障害者用音声ICタグレコーダー
視力に障害を有する者の物の識別を容易にする製品であって、点字、凸線等により操作ボタンが知覚でき、かつ、ICタグその他の集積回路とアンテナを内蔵する物品の持つ識別情報を無線により読み取り、当該識別情報と音声データを関連付け、音声データを音声信号に変換して出力する機能及び音声により操作方法に関する案内を行う機能を有するもので、平成3年6月厚生省告示第130号で指定されている製品が該当するものであること。

28の8　視覚障害者用音声方位磁石

　　視力に障害を有する者の方角に関する情報の入手を容易にすることのみを目的とする製品であって、点字、凸線等により操作ボタンが知覚でき、かつ、触覚や音声信号により情報を確認できる機能を有するものに限られるものであること。

28の9　視覚障害者用音声色彩識別装置

　　視力に障害を有する者の色に関する情報の入手を容易にすることのみを目的とする製品であって、点字、凸線等により操作ボタンが知覚でき、かつ、触覚や音声信号により情報を確認できる機能を有するものに限られるものであること。

28の10　視覚障害者用携帯型歩行支援装置

　　視力に障害を有する者の歩行に必要な情報の入手を容易にする製品であって、点字、凸線等により操作ボタンが知覚でき、かつ、触覚や音声信号のみにより情報を確認できる機能を有し、人工衛星を利用した情報通信ネットワーク等を通じて地図情報及び位置情報を受信する機能又は超音波を利用して障害物を検知する機能を有するものに限られるものであること。

29　聴覚障害者用屋内信号装置

（1）　音声等による信号を感知し、光や振動に変換して、伝達する機能を有する持ち運び可能な器具で、平成3年6月厚生省告示第130号で指定されている製品が該当するものであること。

（2）　非課税対象となるのは、聴覚障書者用屋内信号装置として一体で取引されるシステム又は単体で装置としての機能を有するものであって、システムの構成品単体の譲渡等は非課税対象にはならないものであること。

29の2　聴覚障害者用情報受信装置

　　字幕及び手話通訳付きの聴覚障害者用番組並びにテレビ番組に字幕及び手話通訳の映像を合成したものを画面に出力する機能を有し、かつ、災害時の聴覚障害者向け緊急信号を受信する製品であって、平成3年6月厚生省告示第130号で指定されている製品が該当するものであること。

30　特殊寝台

　　身体に障害を有する者が家庭において使用する寝台であって、身体に障害を有する者の頭部及び脚部の傾斜角度が調整できる機能を有するものであって以下の要件の全てを満たすものであること。

　イ　本体の側板の外縁と側板の外縁との幅が100cm以下のものであること。

　ロ　サイドレールが取り付けてあるもの又は取り付け可能なものであること。

　ハ　キャスターを装着していないものであること。

31　特殊尿器

　　排尿を感知し、尿を自動的に吸入する機能を有するものに限られるものであること。

32　体位変換器

空気パッドにロッドを差し込んだものを身体の下に挿入することにより、又は身体の下にあらかじめ空気パッドを挿入し膨らませることにより、身体に障害を有する者の体位を容易に変換できる機能を有するものに限られること。

33 重度障害者用意思伝達装置

（1） 両上下肢の機能を全廃し、かつ、言語機能を喪失した者のまばたき等の残存機能による反応を、センサーにより感知して、ディスプレー等に表示すること等により、その者の意思を伝達する機能を有するもので、平成3年6月厚生省告示第130号で指定されている製品が該当するものであること。

（2） 非課税対象となるのは、重度障害者用意思伝達装置として一体で取引されるシステムであって、システムの構成品単体の譲渡等は非課税対象にはならないものであること。

33の2 携帯用会話補助装置

（1） 発声、発語に著しい障害を有する者の意思を音声又は文字に変換して伝達する機能を有するもので、平成3年6月厚生省告示第130号で指定されている製品が該当するものであること。

（2） 非課税対象となるのは、携帯用会話補助装置として一体で取引されるシステムであって、システム構成品単体の譲渡等は非課税対象にはならないものであること。

33の3 移動用リフト

（1） 床走行式、固定式又は据置式であり、かつ、身体をつり具でつり上げ又は体重で支える構造を有するものであり、その構造により、自力での移動が困難な者の寝台と車椅子との間等の移動を補助する機能を有するものであること。

（2） 「寝台と車椅子との間等の移動を補助する機能」とは、寝台、浴槽、自動車又は車椅子等の機器間において、身体が一方の機器から他方の機器へ移動することを補助する機能をいう。

34 透析液加温器

透析液を41度を上限として加温し、一定の温度に保つ機能を有するものであって、持ち運び可能なものであること。

35 福祉電話器

（1） 音声を振動により骨に伝える機能、上肢機能に障害を有する者が足等を使用して利用できる機能、又は聴覚障害者が筆談できる機能等を有する特殊な電話器で、平成3年6月厚生省告示第130号で指定されている製品が該当するものであること。

（2） 上肢機能に障害を有する者が下肢等を使用して利用できる機能を有する電話器にあっては、下肢等で操作するための機器と一体として取引される場合のみが非課税となるものであること。

36 視覚障害者用ワードプロセッサー

（1） 点字方式により入力する機能、入力結果が音声により確認できる機能、入力結果が

点字変換される機能、又は入力結果が点字で印字される機能を有するもので、平成3年6月厚生省告示第130号で指定されている製品が該当するものであること。
（2） 非課税対象となるのは、入力、入力内容の確認及びその保存機能を有する単体又はシステム（一体として取引される点字プリンタ等を含む。）であること。
なお、点字プリンタ、点字キーボード等のシステムの構成品単体の譲渡等は非課税対象にはならないものであること。

第3　修理の範囲（改造自動車に係るものを除く）
1　非課税対象となる修理の範囲は、平成3年6月厚生省告示第130号第1項第1号から第20号に規定する物品に係る修理に限られるものであること。
2　障害者総合支援法等に基づき、給付の対象となるものであっても、以下に掲げるものは、非課税対象となる修理に該当しないものであること。
（1）　盲人安全つえのマグネット付き石突交換
（2）　補聴器の重度難聴用イヤホン交換、眼鏡型平面レンズ交換、骨導式ポケット型レシーバー交換、骨導式ポケット型ヘッドバンド交換、FM型用ワイヤレスマイク充電池交換、FM型用ワイヤレスマイク充電用ACアダプタ交換、FM型用ワイヤレスマイク外部入力コード交換、イヤホン交換、乾電池交換、水銀電池交換及び空気電池交換
（3）　人工喉頭の気管カニューレ交換、乾電池交換、蓄電池（カドニカ電池）交換及び充電器交換
（4）　車椅子のクッション交換、クッション（ポリエステル繊維、ウレタンフォーム等の多層構造のもの及び立体編物構造のもの）交換、クッション（ゲルとウレタンフォームの組合わせのもの）交換、クッション（バルブを開閉するだけで空気量を調整するもの）交換、クッション（特殊な空気室構造のもの）交換、フローテーションパッド交換、背クッション交換、特殊形状クッション（骨盤・大腿部サポート）交換、クッションカバー（防水加工を施したもの）交換、枕（オーダー及びレディメイド）交換、リフレクタ(反射器—夜光反射板)交換、テーブル交換、スポークカバー交換、ステッキホルダー（杖たて）交換、栄養パック取り付け用ガートル架交換、点滴ポール交換及び日よけ（雨よけ）部品交換
（5）　電動車椅子の枕（オーダー及びレディメイド）交換、バッテリー交換（マイコン内蔵型に係るものを含む。）、外部充電器交換、オイル又はグリス交換、ステッキホルダー（杖たて）交換、栄養パック取り付け用ガートル架交換、点滴ポール交換、延長式スイッチ交換、レバーノブ各種形状（小ノブ、球ノブ、こけしノブ）交換、レバーノブ各種形状（Uノブ、十字ノブ、ペンノブ、太長ノブ、T字ノブ、極小ノブ）交換、日よけ（雨よけ）部品交換及びテーブル交換
（6）　収尿器のサポータ交換、収尿瓶（ゴムバンド付）交換及び収尿ゴム袋（ゴム管及びつなぎ管付）交換

（7）　歩行補助つえの凍結路面用滑り止め（非ゴム系）交換
3　給付の対象とならないものについても、前記に準じた取扱いになるので留意すること。
4　修理用部品の譲渡等は非課税扱いにはならないものであること。

第4　その他
　改造自動車に係る消費税の非課税措置については、平成3年9月20日社更第196号社会局更生課長通知「消費税法の一部を改正する法律（平成3年法律第73号）の施行に伴う改造自動車の非課税扱いについて」を参照されたい。

4 有料老人ホームにおける消費税の取扱い

① 介護保険の適用がない有料老人ホームなどの費用について

　介護保険の適用がない有料老人ホームなどについては、家賃部分については住宅の貸付として消費税が非課税となります。家賃以外の役務提供については、原則として消費税は課税となります。

　なお、1つの契約で非課税となる住宅の貸付けと、課税となる役務の提供が混在している場合には、この契約に係る対価の額を、住宅の貸付けに係る対価の額と、役務の提供に係る対価の額に合理的に区分して計算します。

② 特定施設入所者生活介護に係る消費税の取扱いについて

　特定施設入所者生活介護については、介護保険給付の対象となるサービスの費用として、おむつ代、日常生活費が含まれますが、日常生活費について、特定施設入所者生活介護に含まれないサービスの費用と区分せず徴収している場合、又は区分して徴収していても経理上区分されていない場合には、日常生活費を含む徴収額全体が消費税の課税対象取引となります。

(参考)

　　　　　　　　　　　　　　　　　　　　　　　　　　　　老振第13号
　　　　　　　　　　　　　　　　　　　　　　　　　　　平成12年2月28日

各都道府県介護保険主管部（局）長　殿

　　　　　　　　　　　　　　　　　　　　　　　　厚生省老人保健福祉局
　　　　　　　　　　　　　　　　　　　　　　　　　　老人福祉振興課長

　　　有料老人ホームにおける特定施設入所者生活介護に係る消費税の取扱いについて

　介護保険の給付対象となるサービスに係る消費税の取扱いについては、介護保険法施行法（平成9年法律第124号）第84条の規定による消費税法（昭和63年法律第108号）の一部改正、介護保険法及び介護保険法施行法の施行に伴う関係政令の整備等に関する政令（平成11年政令第262号）第54条の規定による消費税法施行令（昭和63年政令第360号）の一部改正及び消費税法施行令第14条の2第1項、第2項及び第3項に規定する大蔵大臣が指定する資産の譲渡等を定める告示（平成12年2月10日大蔵省告示第27号）において定められているところである。

　なお、介護保険法（平成9年法律第123号）及び上記の消費税関係法令等の施行に伴い、有料老人ホームにおいて同法に規定する居宅サービスとして行われる特定施設入所者生活介護に係る消費税の取扱いは下記のとおりとなるので、御了知の上、管下市町村、関係団体、

関係事業者等に周知徹底を図るとともに必要な指導を行い、その運用に遺憾のないようにされたい。

　　　　　　　　　　　　　　　記

１．非課税となる範囲
　特定施設入所者生活介護については、指定居宅サービス等の事業の人員、設備及び運営に関する基準（平成11年厚生省令第37号。以下「基準」という。）第182条第３項第１号に掲げる費用を対価として提供されるサービスを除き、非課税とされたところである。したがって、非課税となる特定施設入所者生活介護の費用は、同令第２条第３号に掲げる利用料（保険給付の対象となるサービスの費用の10割）並びに同令第182条第３項第２号に規定するおむつ代及び同項第３号に掲げる費用（以下「日常生活費」という。）である。
　なお、日常生活費の範囲については、別途通知することとしている。

２．日常生活費に関する留意事項
　日常生活費について、特定施設入所者生活介護に含まれないサービスの費用と区分せず徴収している場合又は区分徴収していても経理上区分されていない場合には、日常生活費を含む徴収額全体が課税となるので留意されたい。

３．既に支払われた介護費用の一時金の取扱いに関する留意事項
　入居期間中の介護費用を一時金等として既に徴収している有料老人ホームについては、介護保険法第41条第６項（同法第53条第４項において準用する場合を含む。）の規定により代理受領する保険給付と当該一時金等との間の重複を避けるため、介護費用の調整を行うこととなる。
　調整方法としては、一時金等のうち将来の介護保険給付に相当する部分の額（いわゆる調整対象額）を返還する等により調整する方法、又はこれを返還せず入居者が償還払い方式で介護保険給付を受ける方法が考えられるが、いずれの方法による場合でも、介護保険法等の施行に伴い非課税となる部分（いわゆる調整対象額及び日常生活費）に係る消費税額が一時金等に含まれている場合には、当該額を税負担軽減相当額として入居者に返還する必要がある。
　なお、平成８年10月１日前に締結した終身入居契約に係る一時金等については、消費税関係法令に基づき、３％の税率の適用を受け、又は消費税が課されていない場合があるが、当該一時金等の全部又は一部（いわゆる調整対象額以外の額を含む。）を返還し、調整後の額をもって改めて契約（契約の変更を含む。）する方法により上記の調整を行う場合には、その後改めて対価を支払って行われる特定施設入所者生活介護（基準第182条第３項第１号に掲げる費用を対価として提供されるサービスを除く。）以外のサービスに対して、現行の税率が適用されることに留意されたい。

5　介護サービス、社会福祉事業の委託に係る取扱い

　介護保険法に規定する居宅サービス事業者等からの委託により、他の事業者が、調理業務や清掃業務など、居宅サービス等の一部の業務を委託された場合には、その委託業務については消費税は非課税とはならず、課税取引となります。

　また、地方公共団体が設置した社会福祉施設の運営を社会福祉法人に委託した場合には、その運営委託については消費税が非課税となります。

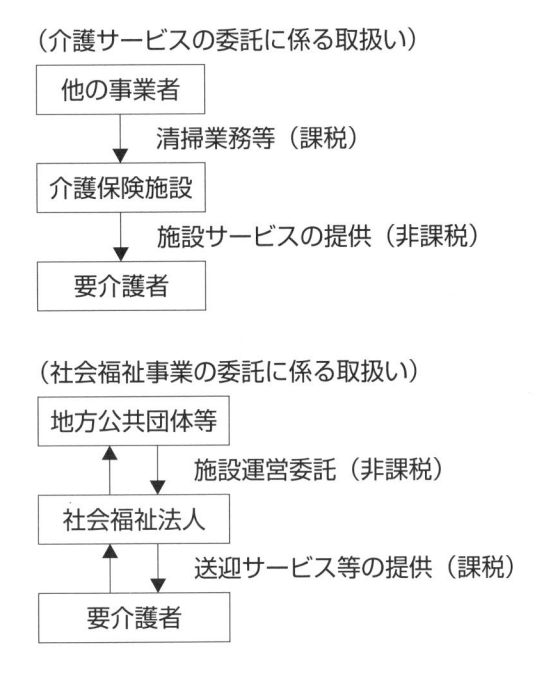

```
（介護サービスの委託に係る取扱い）
　　　　┌──────────┐
　　　　│　他の事業者　│
　　　　└──────────┘
　　　　　　│　清掃業務等（課税）
　　　　　　↓
　　　　┌──────────┐
　　　　│　介護保険施設　│
　　　　└──────────┘
　　　　　　│　施設サービスの提供（非課税）
　　　　　　↓
　　　　┌──────────┐
　　　　│　要介護者　│
　　　　└──────────┘

（社会福祉事業の委託に係る取扱い）
　　　　┌──────────┐
　　　　│　地方公共団体等　│
　　　　└──────────┘
　　　　　↑│　施設運営委託（非課税）
　　　　　　↓
　　　　┌──────────┐
　　　　│　社会福祉法人　│
　　　　└──────────┘
　　　　　　│　送迎サービス等の提供（課税）
　　　　　　↓
　　　　┌──────────┐
　　　　│　要介護者　│
　　　　└──────────┘
```

（参考）国税庁文書回答事例（平成23年12月20日）

> 市が独自で実施している介護保険の対象者以外の高齢者に対するデイサービス事業の委託費等に係る消費税の取扱いについて
>
> 1　事前照会の趣旨
> 　当法人は、特別養護老人ホーム（第一種社会福祉事業）及び老人デイサービスセンター（第二種社会福祉事業）の経営及び当該施設における介護サービス（介護保険法に定める指定居宅サービス事業者に該当）等を行う社会福祉法人です。
> 　当法人においては、A市（以下「市」という。）から「在宅高齢者生きがい対応型デイサービス事業」（以下「本件委託事業」という。）の委託を受け、自己の所有施設（以下「本件施設」という。）において、本件委託事業を実施しています。
> 　本件委託事業は、介護保険の対象とならない高齢者等に対し、市の独自事業（在宅福祉サービス）として、日常動作訓練、レクリエーション、食事等のサービスを提供するもの

で、その費用は、原則として、市が委託料として９割、利用者が利用料として１割（生活保護世帯においては市が全額負担）（以下、併せて「本件委託料等」という。）を負担することとしています。

　本件委託事業については、消費税が非課税とされる消費税法別表第一第７号イに規定する介護保険法の規定に基づく居宅介護サービス費の支給に係る居宅サービス等（以下「介護保険サービス」という。）又は同号ロに規定する社会福祉法に規定する社会福祉事業に該当するものではありませんが、社会福祉事業に類する事業として、同号ハ、同施行令第14条の３第６号及び平成３年厚生省告示第129号「消費税法施行令第14条の３第６号の規定に基づき厚生労働大臣が指定する資産の譲渡等を定める件」（以下「告示第129号」という。）第１号ロに掲げる事業に該当し、本件委託料等は消費税が非課税となる資産の譲渡等の対価に該当すると解して差し支えないか、お伺いします。

（注）１．当法人においては、本件委託事業の実施に当たり、本件施設についての介護保険法に規定する指定居宅サービス事業者の指定に係る申請並びに老人福祉法及び社会福祉法に規定する県知事への社会福祉事業開始の届出を行っていません。
　　　２．本件施設は、当法人が経営している特別養護老人ホーム及び老人デイサービスセンターとは別の施設であり、本件委託事業は、これらの社会福祉事業とは関係のない事業として行われます。

2　事前照会に係る取引等の事実関係（本件委託事業の内容）

　本件委託事業の内容は、「Ａ市在宅高齢者生きがい対応型デイサービス事業実施要綱」及び「平成○年度Ａ市在宅高齢者生きがい対応型デイサービス事業業務委託契約書」によれば、次のとおりです。

① 委託事業の目的

　家に閉じこもりがちな在宅のひとり暮らし高齢者等を身近な施設に通わせ、必要なサービスを提供することにより、当該高齢者の自立的生活の助長、社会的孤立感の解消及び要介護等状態になることの予防を図ることを目的としています。

② 利用者

　市内に住所を有するおおむね65歳以上の在宅のひとり暮らしの高齢者等で、単身世帯、高齢者のみの世帯及びこれらの世帯に準ずる世帯に属する当該高齢者等であって、家に閉じこもりがちな高齢者、要介護等状態になるおそれのある高齢者とします。ただし、介護保険法第19条第１項に規定される要介護認定及び同法第19条第２項に規定される要支援認定の結果、同法第７条第３項に規定される要介護者又は同法第７条第４項に規定される要支援者に該当する者は除かれます。

　なお、本件委託事業によるデイサービスを受けようとする場合には、本人又は家族が市に申請することとされており、市は当該申請に対して必要性の適否を審査、決定し、申請者に対して利用承認又は利用不承認の決定通知を行うこととされています。

（注）１．「高齢者等」とは、65歳以上の者及び障害者など市長が高齢者に準ずる者と認めた者を

いいます。また、「これらの世帯に準ずる世帯」とは、例えば日中において家族が不在となる世帯をいいますが、その場合であっても利用者となるのは要介護等状態になるおそれのある高齢者に限られます。
2．要介護等状態になるおそれについては、市の認定調査員が介護保険法に規定する要支援又は要介護の認定基準に準じて日常生活における支障の程度等により判断されることから、要介護等状態になるおそれにより当該利用承認を受けることは、日常生活を営むのに何らかの障害がある者となります。

③　サービス内容

サービスの種類	内容
基本サービス	必須メニュー（いずれか1つ以上） ・身体機能の維持に繋がる運動 ・認知症の予防に繋がるもの ・食生活の改善に繋がるもの
	選択メニュー（希望に応じて） ・教養講座 ・スポーツ、創作、趣味等の活動 ・入浴
給食サービス	昼食（希望に応じて）
送迎サービス	往復（希望に応じて）

基本サービスの選択メニューにある教養講座及びスポーツ等の活動は、身体機能の維持及び認知症の予防の観点から、市が本件委託事業に取り入れているものです。

これは、利用者個人の趣味に合ったものを選択し、継続して行うことにより、身体機能の維持及び認知症の予防が図られることによるもので、養護老人ホームや老人デイサービスセンター等においても介護その他の日常生活上の支援及び機能訓練として行われているものです。

当法人としては、告示第129号は、老人福祉法に規定する老人居宅生活支援事業等に類するものを対象とするものであるところ、告示第129号第1号ロに掲げる事業は、通所サービスである老人デイサービス事業に類する事業と同様のものがこれに該当すると考えますから、教養講座及びスポーツ等の活動については、老人デイサービス事業として実施されている状況を踏まえれば、告示第129号第1号ロに掲げる「機能訓練」又は「その他の便益」に該当するものと考えています。

また、送迎サービスについては、施設において利用者にデイサービスを提供するために、事業の一環として送迎を行うものであることから、送迎サービスのみの提供は行っていません。

④　実施場所

本件施設を中心として行います。

⑤　委託料等

委託料は、利用者1人1日につき、次の表に対応した額です。

なお、当法人は、利用者から費用の一部を利用料として徴収するものとされています。

○委託料（本件委託事業の市負担分）

区分		委託料 提供するサービス	
		基本事業	送迎（片道）
1日4時間以上の利用の場合	一般世帯	2,700円	450円
	生活保護世帯	3,000円	500円
1日4時間未満の利用の場合	一般世帯	1,890円	450円
	生活保護世帯	2,100円	500円

○利用料（利用者の自己負担分）

区分		利用料 利用するサービス	
		基本事業	送迎（片道）
1日4時間以上の利用の場合	一般世帯	300円	50円
	生活保護世帯	0円	0円
1日4時間未満の利用の場合	一般世帯	210円	50円
	生活保護世帯	0円	0円

（注）1．給食サービスを利用した者については、別途食材料費等の実費600円（全額利用者負担）を請求します。なお、給食サービスのみ、送迎サービスのみは行っていません。

2．本件委託料等については、それぞれ1月分まとめて市及び利用者に請求しています。

3．本件施設の1日の利用者数は、18人以内とされています。

3　事前照会者の求める見解となることの理由（本件委託料等に係る消費税の取扱い）
（1）介護保険サービス又は社会福祉事業に該当するか

本件委託事業が、介護保険サービス又は社会福祉事業に該当するかについては、次のとおりとなると考えます。

① 介護保険サービス

本件委託事業は、介護保険法に規定する「要介護者」又は「要支援者」（以下「要介護者等」という。）を除く高齢者等を対象とするものですから、介護保険の対象とならない事業です。

したがって、本件委託料等は、消費税法別表第一第7号イにより消費税が非課税とされる介護保険サービスとして行われる資産の譲渡等の対価には該当しません。

なお、当法人においては、本件施設についての介護保険法に規定する指定居宅サービス事業者の指定も受けていません。

② 社会福祉事業

　本件委託事業と類似するサービスを提供する事業としては、老人福祉法に規定する老人デイサービス事業（第二種社会福祉事業）がありますが、当該老人デイサービス事業は、介護保険法に規定する通所介護に係るサービス費の支給を受ける者等を対象とするものであるところ、本件委託事業は、上記①のとおり、介護保険の対象外の者を対象とするものですから、老人デイサービス事業には該当せず、他の第一種又は第二種社会福祉事業にも該当しません。

　また、当法人は、特別養護老人ホーム（第一種社会福祉事業）及び老人デイサービスセンター（第二種社会福祉事業）を経営する者ですが、本件委託事業は、当該特別養護老人ホーム等とは別の施設において実施されており、特別養護老人ホーム等を経営する事業とは何ら関係するものではなく、別の事業として行なわれるものです。

　したがって、本件委託料等は、消費税法別表第一第7号ロにより消費税が非課税とされる社会福祉事業として行われる資産の譲渡等の対価には該当しません。

　なお、当法人においては、本件施設について社会福祉法及び老人福祉法に規定する社会福祉事業開始の届出も行っていません。

（2）社会福祉事業に類する事業に該当するか

① 社会福祉事業に類するものに係る消費税の取扱い

　消費税法別表第一第7号ハ及び消費税法施行令第14条の3第6号により老人福祉法に規定する老人居宅生活支援事業、障害者自立支援法に規定する障害福祉サービス事業その他これらに類する事業として行われる資産の譲渡等のうち、国又は地方公共団体の施策に基づきその要する費用が国又は地方公共団体により負担されるものとして厚生労働大臣が財務大臣と協議して指定するものは、社会福祉事業に類する事業として、非課税とされています。

　当該指定は、告示第129号により行なわれており、次の3つの要件を満たす場合は、社会福祉事業に類する事業として行われる資産の譲渡等として消費税が非課税となるものと理解しています（告示129①）。

イ　国等が費用の2分の1以上を負担するものであること

ロ　次に掲げる者に対して行われる資産の譲渡等であること

・身体に障害のある18歳未満の者若しくはその者を現に介護する者

・知的障害の18歳未満の者若しくはその者を現に介護する者

・身体障害者福祉法第4条に規定する身体障害者若しくはその者を現に介護する者

・知的障害者若しくはその者を現に介護する者

・精神保健及び精神障害者福祉に関する法律第5条に規定する精神障害者若しくはその者を現に養護する者

・身体上又は精神上の障害があるために日常生活を営むのに支障のある65歳以上の者（65歳未満であって特に必要があると認められる者を含む。以下同じ。）若しく

　　　　はその者を現に養護する者
　　・母子及び寡婦福祉法第6条に規定する配偶者のない女子若しくはその者に現に扶養されている20歳未満の者
　　・65歳以上の者のみにより構成される世帯に属する者
　　・配偶者のない男子（配偶者の生死が明らかでない者を含む。）に現に扶養されている20歳未満の者若しくはその者を扶養している当該配偶者のない男子
　　・父及び母以外の者に現に扶養されている20歳未満の者若しくはその者を扶養している者
　ハ　次の事業として行われる資産の譲渡等であること
　　・居宅において入浴、排せつ、食事等の介護その他の日常生活を営むのに必要な便宜を供与する事業
　　・施設に通わせ、入浴、食事の提供、機能訓練、介護方法の指導その他の便宜を供与する事業
　　・居宅において介護を受けることが一時的に困難になった者を施設に短期間入所させ、養護する事業
② 本件へのあてはめ
　本件委託事業は、介護保険の対象とならない高齢者等に対して行う市の独自事業であることから、地方公共団体の施策に基づくものであり、また、次のとおり、告示第129号第1号に掲げる要件のすべてを満たすことから、社会福祉事業に類する事業として行われる資産の譲渡等に該当すると考えます。
　したがって、本件委託料等は社会福祉事業に類する事業として行われる資産の譲渡等の対価に該当し、消費税は非課税となると考えます。
　イ　国等がその費用の2分の1以上を負担するものか
　　本件委託事業については、市が基本サービス及び送迎サービスに係る費用の9割（生活保護世帯については全額）を負担するものであり、生活保護世帯以外の利用者が負担する利用料に給食サービスの実費負担分を加えても、次のとおり全体の費用の2分の1以上を市が負担するものです。
　　したがって、本件委託事業は、その費用の2分の1以上を市が負担するものです。
○市の負担状況

区分 項目	基本＋送迎（市負担）①	基本＋送迎（利用者負担）②	食費（利用者負担）③	合計④（①＋②＋③）	市負担率①/④
4h以上　一般	（円）3,150	（円）350	（円）600	（円）4,100	（円）約77%
生活保護	3,500	—	600	4,100	約85%
4h未満　一般	2,340	260	600	3,200	約73%
生活保護	2,600	—	600	3,200	約81%

ロ　利用者は、告示に掲げる者か

　本件委託事業の利用者は、おおむね65歳以上の在宅のひとり暮らしの高齢者等で、単身世帯、高齢者のみの世帯及びこれらの世帯に準ずる世帯に属する当該高齢者等であって、家に閉じこもりがちな高齢者、要介護状態になるおそれのある高齢者（介護保険法に規定する要介護者等に該当する者を除く）とされています。

　具体的には、65歳以上の単身者又は65歳以上のみの世帯に属する者及び障害者並びに日常生活に支障のある者として市が認めた高齢者であって、市から利用承認通知を受けた者とされています。

　これらの事実からすると、本件委託事業の利用者は、「65歳以上の者のみにより構成される世帯に属する者」又は「身体障害者福祉法第4条に規定する身体障害者」若しくは「身体上又は精神上の障害があるために日常生活を営むのに支障がある65歳以上の者」に該当する者であると考えられます。

　したがって、本件委託事業の利用者は、告示第129号第1号に掲げる対象者に該当するものと考えます。

ハ　告示第129号第1号に掲げる事業に該当するか

　告示第129号第1号に掲げる事業のうち、施設に通わせて行う事業については同号ロにおいて「施設に通わせ、入浴、食事の提供、機能訓練、介護方法の指導その他の便宜を供与する事業」とされています。

　本件委託事業により供与される内容は、次のとおりですが、いずれも告示第129号第1号に掲げるものに含まれるものと考えられます。

　したがって、本件委託事業は、告示第129号第1号に掲げる事業に該当するものと考えます。

委託事業の内容		告示第129号第1号ロに掲げる事業
基本サービス	①身体機能の維持に繋がる運動	利用者の機能の維持、認知症の予防等を目的として行われるものであり、「機能訓練」又は「その他の便宜」に該当するものと解される。
	②認知症の予防に繋がるもの	
	③食生活の改善に繋がるもの	
	④教養講座	
	⑤スポーツ等の活動	
	⑥入浴	「入浴」に該当する。
⑦給食サービス		「食事の提供」に該当する。
⑧送迎サービス		施設においてデイサービスを提供するために、本件委託事業の一環として行うものであることから、利用者に対する「その他の便宜」に該当する。

消費税課否判定（例）【介護編】

（課……課税、非……非課税、外……課税対象外、特……特定収入、簡……簡易課税事業区分）

■サービス活動収益

勘定科目名			勘定科目説明	課否区分				
大	中	小科目		課	非	外	特	簡
介護保険事業収益								
	施設介護料収益　特別養護老人ホーム（30人以上）、老健							
		介護報酬収益（施設）	介護保険の施設介護料で介護報酬収入をいう。		○			
		利用者負担金収益（公費）	介護保険の施設介護料で利用者負担収入（公費）をいう。		○			
		利用者負担金収益（一般）	介護保険の施設介護料で利用者負担収入（一般）をいう。		○			
	居宅介護料収益　ショートステイ、デイサービス、通所リハ、訪問介護、訪問リハ、訪問看護、特例施設入居者介護							
	（介護報酬収益）							
		介護報酬収益（居宅）	介護保険の居宅介護料で介護報酬収入をいう。		○			
		介護予防報酬収益（居宅）	介護保険の居宅介護料で介護予防報酬収入をいう。		○			
	（利用者負担金収益）							
		介護負担金収益（公費）（居宅）	介護保険の居宅介護料で介護負担金収入（公費）をいう。		○			
		介護負担金収益（一般）（居宅）	介護保険の居宅介護料で介護負担金収入（一般）をいう。		○			
		介護予防負担金収益（公費）（居宅）	介護保険の居宅介護料で介護予防負担金収入（公費）をいう。		○			
		介護予防負担金収益（一般）（居宅）	介護保険の居宅介護料で介護予防負担金収入（一般）をいう。		○			
	地域密着型介護料収益　特養ホーム（29人以下）、認知症対応型通所介護、GH、小規模多機能型居宅介護							
	（介護報酬収益）							
		介護報酬収益（地域）	介護保険の地域密着型介護料で介護報酬収入をいう。		○			

第2章 社会福祉法人のための消費税実務のポイント

	介護予防報酬収益（地域）	介護保険の地域密着型介護料で介護予防報酬収入をいう。		○			
(利用者負担金収益)							
	介護負担金収益（公費）（地域）	介護保険の居宅介護料で介護負担金収入（公費）をいう。		○			
	介護負担金収益（一般）（地域）	介護保険の居宅介護料で介護負担金収入（一般）をいう。		○			
	介護予防負担金収益（公費）（地域）	介護保険の居宅介護料で介護予防負担金収入（公費）をいう。		○			
	介護予防負担金収益（一般）（地域）	介護保険の居宅介護料で介護予防負担金収入（一般）をいう。		○			
居宅介護支援介護料収益　居宅介護支援							
	居宅介護支援介護料収益	介護保険の居宅介護支援介護料で居宅介護支援介護料収入をいう。		○			
	介護予防支援介護料収益	介護保険の居宅介護支援介護料で居宅予防介護支援介護料収入をいう。		○			
利用者等利用料収益							
	施設サービス利用料収益　介護保険の利用者等利用料収入で施設サービス利用料収益をいう。	理美容代		○			
		日常生活費		○			
		教養娯楽費		○			
	居宅介護サービス利用料収益　介護保険の利用者等利用料収入で居宅介護サービス利用料収入をいう。	支給限度額超過全額負担		○			
		交通費、送迎費用	○				5
		おむつ代		○			
		日常生活費		○			
		教養娯楽費		○			
	地域密着型介護サービス利用料収益　介護保険の利用者等利用料収入で地域密着型介護サービス利用料収入をいう。	支給限度額超過全額負担		○			
		交通費、送迎費用	○				5
		おむつ代		○			
		日常生活費		○			
		教養娯楽費		○			

	食費収益（公費）	介護保険の利用者等利用料収入で、食費収入（公費）をいう。		○		
	食費収益（一般） 　介護保険の利用者等利用料収入で、食費収入（一般）をいう。	利用者負担		○		
		特定入所者介護サービス分食費		○		
		特別な食事料	○			4
	居住費収益（公費）	介護保険の利用者等利用料収入で、居住費収入（公費）をいう。		○		
	居住費収益（一般） 　介護保険の利用者等利用料収入で、居住費収入（一般）をいう。	利用者負担居住・滞在・宿泊費		○		
		特定入所者介護サービス分		○		
		家賃		○		
		特別な室料	○			5
	その他の利用料収益（介護保険）	嗜好品等の実費負担額		○		2 5
その他の事業収益						
	補助金事業収益（介護・その他）	利用者軽減補助金			○	
		人件費に使途が制限されている補助金			○	
		共同募金一般配分金			○	
	市町村特別事業収益	配食サービス市町村負担分		○		
		移送サービス市町村負担分	○			5
	受託事業収益（介護・その他）	地域包括支援センター運営委託料		○		
		要介護認定調査委託料	○			5
		介護予防支援の業務委託料	○			5
		地域支援事業委託料	○	○		5
		地域支援事業利用者負担分	○	○		5
	その他の事業収益（介護・その他）	上記に属さないその他の事業収入をいう。文書料等	○			5
	（保険等査定減）（介護保険）	社会保険診療報酬支払基金等の審査機関による審査減額をいう。		○		
老人福祉事業収益						
	措置事業収益　養護老人ホーム					

	事務費収益（老人・措置）	老人福祉の措置事業で、事務費収入をいう。		○			
	事業費収益（老人・措置）	老人福祉の措置事業で、事業費収入をいう。		○			
	その他の利用料収益（老人・措置）	老人福祉の措置事業で、その他の利用料収入をいう。	○	○			5
	その他の事業収益（老人・措置）	老人福祉の措置事業で、その他の事業収入をいう。	○	○			5
運営事業収益　軽費老人ホーム、ケアハウス							
	管理費収益（老人・運営）	老人福祉の運営事業で、管理費収入をいう。一括徴収の償却額を含む。		○			
	その他の利用料収益（老人・運営）	老人福祉の運営事業で、その他の利用料収入をいう。		○			
	補助金事業収益（老人・運営）	老人福祉の運営事業で、補助金事業収入をいう。事務費補助金				○	
	その他の事業収益（老人・運営）	補助金事業収益				○	
		委託事業収益	○	○			5
		利用者負担金	○	○			5
		その他の事業収益	○	○			5
その他の事業収益　有料老人ホーム、サ高住							
	管理費収益（老人・その他）	老人福祉のその他の事業で、管理費収入をいう。一括徴収の償却額を含む		○			
	その他の利用料収益（老人・その他）	老人福祉のその他の事業で、その他の利用料収入をいう。	○				2 4 5
	その他の事業収益（老人・その他）	老人福祉のその他の事業で、その他の事業収入をいう。	○			○	5
医療事業収益							
	訪問看護療養費収益	訪問看護療養費の額等に関する告示に規定する訪問看護基本療養費、訪問看護管理療養費、訪問看護情報提供療養費、訪問看		○			

			護ターミナル療養費相当分をいう。				
	訪問看護利用料収益						
		訪問看護基本利用料収益	人員運営基準第13条第1項に規定する基本利用料徴収額をいう。	○			
		訪問看護その他の利用料収益	人員運営基準第13条第2項の規定に基づくその他の利用料徴収額をいう。	○			5
	（保険等査定減）（医療）		社会保険診療報酬支払基金等の審査機関による審査減額をいう。	○			
経常経費寄附金収益			経常経費に対する寄附金及び寄附物品をいう。			○	

■サービス活動外収益

勘定科目名			勘定科目説明	課否区分				
大	中	小科目		課	非	外	特	簡
借入金利息補助金収益			施設整備及び設備整備に対する借入金利息に係る地方公共団体からの補助金等の収入をいう。			○		
受取利息配当金収益			預貯金、有価証券、貸付金等の利息及び配当金等の収入をいう。		○		○	
有価証券評価益			有価証券（投資有価証券を除く）を時価評価した時の評価益をいう。			○		
有価証券売却益			有価証券（投資有価証券を除く）を売却した場合の売却益をいう。			○		
投資有価証券評価益								
	投資有価証券評価益		投資有価証券を時価評価した時の評価益をいう。			○		
	投資有価証券評価益（基本）		投資有価証券（基本）を時価評価した時の評価益をいう。			○		
投資有価証券売却益								
	投資有価証券売却益		投資有価証券を売却した場合の売却益をいう。			○		
	投資有価証券売却益（基本）		投資有価証券（基本）を売却した場合の売却益をいう。			○		
その他のサービス活動外収益								
	受入研修費収益		研修の受入に対する収入をいう。	○				5
	利用者等外給食費収益		職員等患者・利用者以外に提供した食事に対する収入をいう。	○				4
	為替差益		外国通貨、外貨建金銭債権債務（外貨預金を含む）及び外貨建有価証券等について、円換算によって生じた換算差益をいう。			○		
	雑収益							
		共済財団退職金運用益				○		
		雑収益	不在者投票負担金				○	

自販機設置手数料	○				5
自販機売上（商品仕入）	○				2
売店収入	○				2
喫茶店収入	○				4
バザー収入	○				2 3 4
廃品売却収入	○				4
公衆電話設置手数料	○				5

■特別収益

勘定科目名			勘定科目説明	課否区分					
大	中	小科目		課	非	外	特	簡
施設整備等補助金収益								
	施設整備等補助金収益		施設整備及び設備整備に係る地方公共団体等からの補助金等の収入をいう。				○	
	設備資金借入金元金償還補助金収益		施設整備及び設備整備に対する借入金元金償還に係る地方公共団体等からの補助金等の収入をいう。				○	
施設整備等寄附金収益								
	施設整備等寄附金収益		施設整備及び設備整備に係る寄附金収入をいう。なお、施設の創設及び増築時等に運転資金に充てるために収受した寄附金を含む。				○	
	設備資金借入金元金償還寄附金収益		施設整備及び設備整備に対する借入金元金償還に係る寄附金収入をいう。				○	
長期運営資金借入金元金償還寄附金収益			長期運営資金(設備資金を除く)借入金元金償還に係る寄付金収入をいう。				○	
固定資産受贈額							○	
固定資産売却益								
	土地売却益(収入)(基本財産)				○			
	建物売却益(収入)(基本財産)			○				4
	建物附属設備売却益(収入)(基本財産)			○				4
	土地売却益(収入)				○			
	建物売却益(収入)			○				4
	建物附属設備売却益(収入)			○				4
	構築物売却益(収入)			○				4
	機械及び装置売却益(収入)			○				4
	車輌運搬具売却益(収入)			○				4

	器具及び備品売却益（収入）			○			4
	借地権売却益（収入）				○		
	ソフトウエア売却益（収入）			○			4
	その他の固定資産売却益（収入）			○			4
事業区分間繰入金収益		他の事業区分からの繰入金収入をいう。				○	
拠点区分間繰入金収益		同一事業区分内における他の拠点区分からの繰入金収入をいう。				○	
サービス区分間繰入金収益		同一拠点区分内における他のサービス区分からの繰入金収入をいう。				○	
事業区分間固定資産移管収益		他の事業区分からの繰入金収入をいう。				○	
拠点区分間固定資産移管収益		同一事業区分内における他の拠点区分からの繰入金収入をいう。				○	
サービス区分間固定資産移管収益		同一拠点区分内における他のサービス区分からの繰入金収入をいう。				○	
その他の特別収益							
	徴収不能引当金戻入益	徴収不能引当金の差額計上方式における戻入額をいう。				○	
	会計基準移行過年度修正額（収益）	新会計基準移行時における過年度分の修正（収益）額をいう。				○	

第4節　障害者福祉事業者の課税・非課税取引

1　障害福祉サービスの概要

障害福祉サービスには以下のような事業があります。（厚生労働省ホームページより）

① 居宅介護

　居宅において、入浴、排せつ及び食事等の介護、調理、洗濯及び掃除等の家事並びに生活等に関する相談及び助言、その他の生活全般にわたる援助を行います。

② 重度訪問介護

　重度の肢体不自由者で常に介護を必要とする方に、居宅において、入浴、排せつ及び食事等の介護、調理、洗濯及び掃除等の家事並びに生活等に関する相談及び助言その他の生活全般にわたる援助並びに外出時における移動中の介護を総合的に行います。

③ 同行援護

　視覚障害により、移動に著しい困難を有する障害者等につき、外出時において、当該障害者等に同行し、移動に必要な情報を提供するとともに、移動の援護、排せつ及び食事等の介護その他の当該障害者等が外出する際に必要な援助を適切かつ効果的に行います。

④ 行動援護

　障害者等が行動する際に生じ得る危険を回避するために必要な援護、外出時における移動中の介護、排せつ及び食事等の介護、その他行動する際に必要な援助を行います。

⑤ 療養介護

　病院において機能訓練、療養上の管理、看護、医学的管理の下における介護、日常生活上の世話その他必要な医療を要する障害者であって常時介護を要するものにつき、主として昼間において、病院において行われる機能訓練、療養上の管理、看護、医学的管理の下における介護及び日常生活上の世話を行います。また、療養介護のうち医療に係るものを療養介護医療として提供します。

⑥ 生活介護

　障害者支援施設その他の以下に掲げる便宜を適切に供与することができる施設において、入浴、排せつ及び食事等の介護、創作的活動又は生産活動の機会の提供その他必要な援助

を要する障害者であって、常時介護を要するものにつき、主として昼間において、入浴、排せつ及び食事等の介護、調理、洗濯及び掃除等の家事並びに生活等に関する相談及び助言その他の必要な日常生活上の支援、創作的活動又は生産活動の機会の提供その他の身体機能又は生活能力の向上のために必要な援助を行います。

⑦　短期入所（ショートステイ）

　居宅においてその介護を行う者の疾病その他の理由により、障害者支援施設、児童福祉施設その他の以下に掲げる便宜を適切に行うことができる施設等への短期間の入所を必要とする障害者等につき、当該施設に短期間の入所をさせ、入浴、排せつ及び食事その他の必要な保護を行います。

⑧　重度障害者等包括支援

　重度の障害者等に対し、居宅介護、同行援護、重度訪問介護、行動援護、生活介護、短期入所、共同生活介護、自立訓練、就労移行支援及び就労継続支援を包括的に提供します。

⑨　共同生活介護（ケアホーム）

　共同生活を営むべき住居に入居している障害者につき、主として夜間において、共同生活住居において入浴、排せつ及び食事等の介護、調理、洗濯及び掃除等の家事、生活等に関する相談及び助言、就労先その他関係機関との連絡、その他の必要な日常生活上の世話を行います。
※平成26年4月から共同生活援助（グループホーム）に一元化されました。

⑩　施設入所支援

　施設に入所する障害者につき、主として夜間において、入浴、排せつ及び食事等の介護、生活等に関する相談及び助言、その他の必要な日常生活上の支援を行います。

⑪　自立訓練（機能訓練）

　身体障害を有する障害者につき、障害者支援施設若しくはサービス事業所に通わせ、当該障害者支援施設若しくはサービス事業所において、又は当該障害者の居宅を訪問することによって、理学療法、作業療法その他必要なリハビリテーション、生活等に関する相談及び助言その他の必要な支援を行います。

⑫　自立訓練（生活訓練）

　知的障害又は精神障害を有する障害者につき、障害者支援施設若しくはサービス事業所に通わせ、当該障害者支援施設若しくはサービス事業所において、又は当該障害者の居宅

を訪問することによって、入浴、排せつ及び食事等に関する自立した日常生活を営むために必要な訓練、生活等に関する相談及び助言、その他の必要な支援を行います。

⑬ 宿泊型自立訓練

知的障害又は精神障害を有する障害者につき、居室その他の設備を利用させるとともに、家事等の日常生活能力を向上させるための支援、生活等に関する相談及び助言その他の必要な支援を行います。

⑭ 就労移行支援

就労を希望する65歳未満の障害者であって、通常の事業所に雇用されることが可能と見込まれる者につき、生産活動、職場体験その他の活動の機会の提供その他の就労に必要な知識及び能力の向上のために必要な訓練、求職活動に関する支援、その適性に応じた職場の開拓、就職後における職場への定着のために必要な相談、その他の必要な支援を行います。

⑮ 就労継続支援Ａ型（雇用型）

企業等に就労することが困難な者につき、雇用契約に基づき、継続的に就労することが可能な65歳未満の対象者に対し、生産活動その他の活動の機会の提供、その他の就労に必要な知識及び能力の向上のために必要な訓練、その他の必要な支援を行います。

⑯ 就労継続支援Ｂ型（非雇用型）

通常の事業所に雇用されることが困難な障害者のうち、通常の事業所に雇用されていた障害者であって、その年齢、心身の状態その他の事情により、引き続き当該事業所に雇用されることが困難となった者、就労移行支援によっても通常の事業所に雇用されるに至らなかった者、その他の通常の事業所に雇用されることが困難な者につき、生産活動その他の活動の機会の提供、その他の就労に必要な知識及び能力の向上のために必要な訓練、その他の必要な支援を行います。

⑰ 共同生活援助（グループホーム）

地域で共同生活を営むのに支障のない障害者につき、主として夜間において、共同生活を営むべき住居において相談その他の日常生活上の援助を行います。

2　介護給付費、支援給付費の非課税範囲

介護給付費、支援給付費については、基本的に第1種社会福祉事業、第2種社会福祉事

業に該当しますので、消費税は非課税となります。

3　利用者負担金の課税・非課税

利用者負担金につきましては、第1種社会福祉事業、第2種社会福祉事業に該当するサービスに対するものについては消費税が非課税となります。

4　就労支援施設等で製造販売する商品等

次の①、②の事業については、生産活動としての作業に基づき行われるものは消費税の課税対象となります。

① 第1種社会福祉事業
・障害者の日常生活及び社会生活を総合的に支援するための法律に規定する障害者支援施設
・社会福祉法に規定する授産施設

② 第2種社会福祉事業
・障害者の日常生活及び社会生活を総合的に支援するための法律に規定する障害福祉サービス事業（生活介護、就労移行支援、就労継続支援を行う事業）

(注1) 生産活動とは、(注2)に掲げる事業において行われる身体上若しくは精神上又は世帯の事情等により、就業能力の限られている者（要援護者）の「自立」、「自活」及び「社会復帰」のための訓練、職業供与等の活動において行われる物品の販売、サービスの提供その他の資産の譲渡等をいいます。
　　　なお、(注2)に掲げる事業では、このような生産活動のほか、要援護者に対する養護又は援護及び要援護者に対する給食又は入浴等の便宜供与等も行われていますが、その便宜供与等は生産活動には該当しないことになっています。
(注2)「生産活動」が行われる事業とは、要援護者に対して、就労又は技能の習得のために必要な訓練の提供や職業の供与等を行い、要援護者の自立を助長し、自活させることを目的とする次に掲げる施設を経営する事業、及び障害者自立支援法に規定する生活介護、就労移行支援又は就労継続支援を行う事業をいいます。
　　・社会福祉法に規定する障害者支援施設又は授産施設
　　・社会福祉法第に規定する地域活動支援センター
　　　※上記事業において行われる就労又は技能の習得のために必要な訓練等の過程において製作等される物品の販売その他の資産の譲渡等は、法別表第一第7号ロかっこ書の規定により課税されることとなります。

消費税課否判定（例）【障害福祉編】

（課……課税、非……非課税、外……課税対象外、特……特定収入、簡……簡易課税事業区分）

勘定科目名			内容	課税区分				
大	中	小区分		課	非	外	特	簡
就労支援事業収益								
	福祉用具販売収益		課税対象福祉用具販売	○				1,2
			松葉づえ等福祉用具販売		○			
	耕作・園芸農業収益		耕作農業、園芸農業、観光農園の入園料	○				3
			農作業受託（請負契約）	○				4
	製造販売収益		食料品製造販売・陶芸品等製造販売	○				3
			松葉づえ等の福祉用具製造販売		○			
	飲食店収益		食堂・喫茶店の経営	○				4
	加工作業収益		加工作業受託（材料支給）	○				4
	サービス業収益		洗濯・クリーニング	○				5
			包装・袋詰作業、清掃作業等	○				5
障害福祉サービス等事業収益								
	自立支援給付費収益							
		介護給付費収益	介護給付費の代理受領分		○			
		特例介護給付費収益	特例介護給付費の受領分		○			
		訓練等給付費収益	訓練等給付費の代理時領分		○			
		特例訓練等給付費収益	特例訓練費等給付費の受領分		○			
		サービス利用計画作成費収益	サービス利用計画作成費の代理受領分		○			
	障害児施設給付費収益				○			
	利用者負担金収益		利用者本人の負担による収入 給食費、水道光熱費自己負担分など		○			
	補足給付費収益							
		特定障害者特別給付費収益	特定障害者特別給付費の代理受領分		○			

		特例特定障害者特別給付費収益	特例特定障害者特別給付費の代理受領分		○		
		特定入所障害児等給付費収益	特定入所障害児食費等の代理受領分		○		
	特定費用収益		支給限度額超過全額負担		○		
			交通費、送迎費用		○		
			おむつ代		○		
			キャンセル料		○		
	その他の事業収益						
		補助金事業収益	人件費に使途が特定されている補助金			○	
			共同募金一般配分金				○
			利用者負担金	○	○		5
			地域生活支援事業補助金				○
		受託事業収益	地方公共団体から委託された事業に係る収入 指定管理料 受託事業に係る利用者からの収入	○	○		5
経常経費寄附金収益			経常経費に対する寄付金及び寄付物品				○
借入金利息補助金収益			施設設備及び施設設備に対する借入金利息に係る地方公共団体からの補助金収入			○	
受取利息配当金収益			預貯金、有価証券、貸付金等の利息及び配当金収入		○		○
その他のサービス活動外収益							
	受入研修費収益		研修の受入に対する収入	○			5
	利用者等外給食費収益		職員等利用者以外に提供した食事に対する収入	○			4
	雑収益		不在者投票負担金			○	
	雑収益		自動販売機手数料	○			5
	雑収益		バザー収益	○			1 2 4

	雑収益	公衆電話手数料	○			5
施設整備等補助金収益						
	施設整備等補助金収益	施設整備及び設備整備に係る地方公共団体等からの補助金等の収入			○	
	設備資金借入金元金償還補助金収益	施設整備及び設備整備に対する借入金元金償還に係る地方公共団体等からの補助金収入			○	
施設整備等寄附金収益						
	施設整備等寄附金収益	施設整備及び設備整備に係る寄付金収入			○	
		施設の創設及び増築時等に運転資金に充てるために収受した寄付金			○	
	設備資金借入金元金償還寄附金収益	施設整備及び設備整備に対する借入金元金償還に係る寄付金収入			○	
固定資産受贈額		土地受贈額・建物受贈額等々		○		
固定資産売却益						
	土地売却益（収入）			○		
	建物売却益（収入）		○			4

第5節　児童福祉事業(保育事業)の課税・非課税取引

1　児童福祉事業（保育事業）の概要

児童福祉事業には以下のような事業があります。

① **第1種社会福祉事業**
- 乳児院（児童福祉法第37条）
- 母子生活支援施設（児童福祉法第38条）
- 児童養護施設（児童福祉法第41条）
- 障害児入所施設（児童福祉法第42条）
- 情緒障害児短期治療施設（児童福祉法第43条の2）
- 児童自立支援施設（児童福祉法第44条）

② **第2種社会福祉事業**
- 児童発達支援事業（児童福祉法第6条の2第2項）
- 医療型児童発達支援事業（児童福祉法第6条の2第3項）
- 放課後等デイサービス（児童福祉法第6条の2第4項）
- 保育所等訪問支援事業（児童福祉法第6条の2第5項）
- 障害児相談支援事業（児童福祉法第6条の2第6項）
- 障害児支援利用援助事業（児童福祉法第6条の2第7項）
- 継続障害児支援利用援助事業（児童福祉法第6条の2第8項）
- 児童自立生活援助事業（児童福祉法第6条の3第1項）
- 放課後児童健全育成事業（児童福祉法第6条の3第2項）
- 子育て短期支援事業（児童福祉法第6条の3第3項）
- 乳児家庭全戸訪問事業（児童福祉法第6条の3第4項）
- 養育支援訪問事業（児童福祉法第6条の3第5項）
- 地域子育て支援拠点事業（児童福祉法第6条の3第6項）
- 一時預かり事業（児童福祉法第6条の3第7項）
- 小規模住居型児童養育事業（児童福祉法第6条の3第8項）
- 助産施設（児童福祉法第36条）
- 保育所（児童福祉法第39条）
- 児童厚生施設（児童福祉法第40条）
- 児童家庭支援センター（児童福祉法第44条の2）

2 消費税の取扱い

① 運営費収入

運営費収入については、基本的に、第1種社会福祉事業、第2種社会福祉事業に該当しますので消費税は非課税収入となります。

なお、公益事業として行われる企業委託型保育サービスについては、消費税は課税収入となります。

② 保護者からの利用料等

保護者からの利用料等については、第1種社会福祉事業、第2種社会福祉事業に該当するサービスに対するものについては消費税が非課税となります。

消費税課否判定（例）【児童福祉事業（保育事業）編】

（課……課税、非……非課税、外……課税対象外、特……特定収入、簡……簡易課税事業区分）

■サービス活動収益

勘定科目名 大 / 中 / 小科目	勘定科目説明	課	非	外	特	簡
児童福祉事業収益						
措置費収益						
事務費収益（児童・措置）	措置費支弁額中の人件費及び管理費に係る収入をいう。		○			
事業費収益（児童・措置）	措置費支弁額中の入所者の処遇に必要な一般生活費等に係る収入をいう。		○			
私的契約利用料収益（児童福祉）	措置施設等における私的契約に基づく利用料収入をいう。		○			
その他の事業収益 措置施設等における私的契約に基づく利用料収入をいう。						
補助金事業収益（児童・その他）	人件費に使途が特定されている補助金			○		
	共同募金一般配分金				○	
	利用者負担金	○	○			5
受託事業収益（児童・その他）	措置受託に関連する、地方公共団体から委託された事業に係る収入をいう。	○	○			5
その他の事業益（児童・その他）	上記に属さないその他の事業収入をいう。利用者からの収入も含む。	○	○			5
保育事業収益						
保育所運営費収益	保育所等における保育の実施等に関する運営費収入をいう。		○			
私的契約利用料収益（保育）	保育所等における私的契約に基づく利用料収入をいう。		○			
私立認定保育所利用料収益	私立認定保育所における利用者等からの利用料収入をいう。		○			
その他の事業収益						

	補助金事業収益（保育・その他）	幼稚園計上経費補助金				○	
		その他の補助金			○	○	
		利用者負担金	○	○			5
		共同募金一般配分金				○	
	受託事業収益（保育・その他）	保育所等に関連する、地方公共団体から委託された事業に係る収入をいう。	○	○			5
	その他の事業収益（保育・その他）	園バス利用料		○			
		主食費負担分		○			
		その他の負担分	○	○			5
経常経費寄附金収益		経常経費に対する寄附金及び寄附物品をいう。				○	

（注）サービス活動外収益は、介護編を参照してください。（125ページ）

（注）特別収益は、介護編を参照してください。（127ページ）

第6節　その他の収入の課税・非課税判定

1　補助金、助成金等

　国又は地方公共団体等から受ける助成金又は補助金などについては、その給付の目的の内容に応じて、消費税の判定を行うことになります。

　特定の政策目的の実現を図るための給付金は、資産の譲渡等の対価には該当せず、消費税の対象外取引となります。また、雇用調整助成金、職業転換給付金、身体障害者等能力開発助成金のように、その給付原因となる休業手当、賃金、職業訓練費等の経費の支出に当たり、あらかじめこれらの雇用調整助成金等による補填を前提として所定の手続きをとり受領するものについても資産の譲渡等の対価に該当せず、消費税の対象外取引となります。

2　寄附金、祝金等

　寄附金、祝金、見舞金等は原則として消費税の対象外取引となります。しかし、資産の譲渡等を行った事業者がその対価を受領するとともに別途寄附金等の名目で金銭を受領している場合に、寄附金などとして受領した金銭が、実質的にその資産の譲渡等の対価を構成すべきものと認められるときには、その受領した金銭は消費税の課税対象となります。

3　会費、組合費等

　会費、組合費等については、役務の提供等との対価関係があるかどうかによって消費税の対象になるかどうかを判定します。

　同業者団体、組合等がその団体としての通常の業務運営のために分担させる通常会費については、資産の譲渡等の対価に該当しないものとして取り扱います。また、名目が会費等とされている場合であっても、それが実質的に出版物の購読料、映画・演劇等の入場料、職員研修の受講料又は施設の利用料等と認められる場合には、その会費等は、消費税の課税対象として扱われます。

　資産の譲渡等の対価に該当するかどうかの判定が困難な会費、組合費等について、資産の譲渡等の対価に該当しないものとする場合には、同業者団体、組合等は、その旨をその構成員に通知する必要があります。

4 法人内部取引

　拠点区分間、サービス区分間などで行われる法人の内部取引については、消費税は課税対象外となります。

第7節　簡易課税制度

　簡易課税制度については、事業形態を次の第1種事業から第5種事業までのいずれかの区分に集計し、みなし仕入率により消費税の計算を行います。
(注) 平成26年度税制改正により、平成27年4月1日以後に開始する課税期間から、金融・保険業は第5種事業（50％）、不動産業は第6種事業（40％）になります。詳しくは、53ページをご覧ください。

① 　第1種事業…90％
　卸売業（他の者から購入した商品をその性質及び形状を変更しないで他の事業者に対して販売する事業）

② 　第2種事業…80％
　小売業（他の者から購入した商品をその性質及び形状を変更しないで販売する事業で第1種事業以外のもの）

③ 　第3種事業…70％
　農業、林業、漁業、鉱業、建設業、製造業（製造小売業を含む）、電気業、ガス業、熱供給業及び水道業（第1種事業又は第2種事業に該当するもの及び加工賃その他これに類する料金を対価とする役務の提供を行う事業を除く）

④ 　第4種事業…60％
　第1種事業から第3種事業、及び第5種事業以外の事業（具体的には、飲食店業、金融・保険業などが該当、また、第3種事業から除かれる加工賃その他これに類する料金を対価とする役務の提供を行う事業も第4種事業に該当）

⑤ 　第5種事業…50％
　不動産業、運輸通信業、サービス業（飲食店業に該当する事業を除く）（第1種事業から第3種事業に該当する事業を除く）

社会福祉法人が行う消費税が課税収入となる取引例

内　容	区　分
福祉用具の貸与	5
自己選定による交通費	5

特別な浴槽水等の費用	5
特別な食事代	4
職員給食代	4
委託事業収益	5
利用者負担金収益	5
福祉用具の販売 (他の者から購入した商品をその性質及び形状を変更しないで販売する場合)	2
農産物の製造販売など農業・林業等に該当するもの	3
福祉用具の製造販売など製造業に該当するもの	3
食堂、飲食店などの経営	4
自動販売機設置手数料	5
駐車場業	5
資産の売却による収入	4
クリーニング業	5
バザー収入	内容に応じて分類

第8節　社会福祉法人と一般営利法人の消費税計算の相違点（特定収入）

1　特定収入

　社会福祉法人は、課税・非課税取引以外の不課税取引について、特定収入を判定する必要があります。社会福祉法人が課税仕入れ等を行った場合における仕入控除税額は、通常の計算に基づく仕入れ税額から、特定収入により賄われた課税仕入れ等の税額を控除した残額に相当する金額とされています。

　ここでは、特定収入とはどのようなものが該当するのかを具体的に見ていきます。

　特定収入とは、資産の譲渡等の対価に該当しない収入のうち、仕入れに係る消費税を賄うべき収入と考えられているものをいいます。（148ページの〈特定収入の趣旨〉参照）

①　特定収入に該当するもの

　例えば、以下の収入が該当するとされています。

　ア　租税
　イ　補助金
　ウ　交付金
　エ　寄附金
　オ　出資に係る配当金
　カ　保険金
　キ　損害賠償金
　ク　資産の譲渡等の対価に当たらない負担金
　ケ　他会計からの繰入金
　コ　会費等
　サ　喜捨金（お布施、戒名料、玉串料など）
　シ　特殊な借入金等

②　特定収入に該当しないもの

　一方、対価性のない収入のうち、特定収入に該当しないこととされている収入としては、次のような収入が該当します。

　ア　通常の借入金
　イ　出資金
　ウ　預金・貯金及び預り金

エ　貸付回収金

オ　返還金及び還付金

カ　次に掲げる収入（注1）

(ｱ)　法令又は交付要綱等において、特定支出（注2）のためにのみ使用することとされている収入

(ｲ)　国、地方公共団体が合理的な方法により資産の譲渡等の対価以外の収入の使途を明らかにした文書において、特定支出のためにのみ使用することとされている収入

(ｳ)　公益社団法人等が作成した寄附金の募集に係る文書において、特定支出のためにのみ使用することとされている一定の寄附金の収入

（注1）これまで、課税仕入れ等以外に使途を限定して募集した寄附金であったとしても特定収入に該当していました。

　　　　平成25年度税制改正により、公益社団法人等が平成26年4月1日以後に募集する寄附金のうち、募集要綱等（行政庁の確認を受けたものに限る。）においてその全額の使途が課税仕入れ等以外に限定されているものについては特定収入から除外することとされました。

（注2）特定支出とは、課税仕入れに係る支出、課税貨物の引取りに係る支出又は通常の借入金等の返済金若しくは償還金に係る支出のいずれにも該当しない支出をいいます。例えば、次のものなどがこれに該当します。なお、①のイの補助金のうち、特定支出のためのみに使用する収入に該当するものは、特定収入に該当しません。

　　ア　人件費
　　イ　法定福利費
　　ウ　保険料
　　エ　租税公課
　　オ　地代
　　カ　住宅家賃
　　キ　支払利息
　　ク　土地取得費
　　ケ　有価証券取得費
　　　など

2　社会福祉法人の仕入控除税額の計算の特例

　特定収入の割合が大きい社会福祉法人の場合には、通常の消費税の計算ではなく、下記の特例計算を行うこととなります。

（消費税の計算方法・特例計算イメージ）

売上げ等に係る消費税 － [仕入れ等に係る消費税 － 特定収入の対応する仕入れ等に係る消費税] ＝ 納付する消費税額

消費税額計算の際、控除できる金額から一定の金額をマイナスする計算となります。

支払った消費税のうち、消費税のかからない収益によって賄ったとされる部分については、消費税の計算から除外されることになります。

　一般課税と特例計算とを比較すると以下のとおりになります。

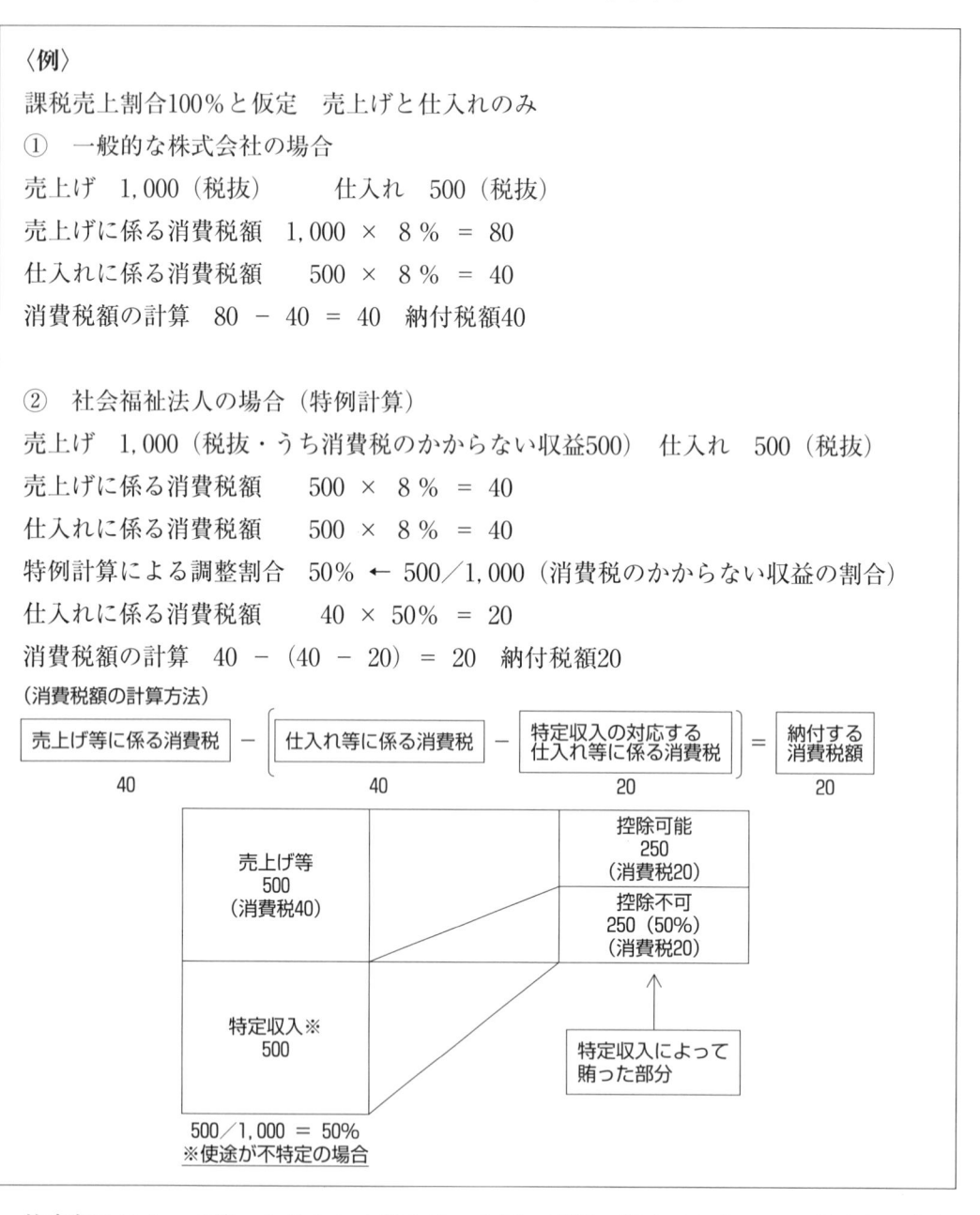

〈例〉
課税売上割合100％と仮定　売上げと仕入れのみ
① 一般的な株式会社の場合
売上げ　1,000（税抜）　　仕入れ　500（税抜）
売上げに係る消費税額　1,000 × 8％ ＝ 80
仕入れに係る消費税額　　500 × 8％ ＝ 40
消費税額の計算　80 － 40 ＝ 40　納付税額40

② 社会福祉法人の場合（特例計算）
売上げ　1,000（税抜・うち消費税のかからない収益500）　仕入れ　500（税抜）
売上げに係る消費税額　　500 × 8％ ＝ 40
仕入れに係る消費税額　　500 × 8％ ＝ 40
特例計算による調整割合　50％ ← 500／1,000（消費税のかからない収益の割合）
仕入れに係る消費税額　　40 × 50％ ＝ 20
消費税額の計算　40 －（40 － 20）＝ 20　納付税額20

（消費税額の計算方法）

売上げ等に係る消費税	－	仕入れ等に係る消費税	－	特定収入の対応する仕入れ等に係る消費税	＝	納付する消費税額
40		40		20		20

　　　　売上げ等　　　　　　控除可能 250（消費税20）
　　　　500（消費税40）　　控除不可 250（50％）（消費税20）

　　　　特定収入※
　　　　500
　　　　　　　　　　　　　　↑
　　　　　　　　　　　特定収入によって賄った部分

500／1,000 ＝ 50％
※使途が不特定の場合

　特定収入によって賄った仕入れの割合は、今回の事例の場合50％なので、仕入れのうち50％部分は消費税の計算からは除外して計算するという概念です。

〈特例計算を行うかどうかの判定〉

社会福祉法人であれば、必ず特例計算を行うというわけではありません。

一定の判定基準に従って、該当する場合にのみ特例計算を行います。

① 判定基準

調整計算を行う必要がないのは、次の場合です。

ア　その課税期間において簡易課税制度を適用する場合

簡易課税制度の場合、課税売上げに係る消費税額のうち、一定割合のみ仕入控除税額となる簡便的な計算方法のため、特例計算を行う必要がありません。

イ　その課税期間の特定収入割合が5％以下である場合

特定収入が全体収入に占める割合（特定収入割合）が、5％以下である場合には、消費税のかからない収益によって賄われた費用等についても僅少であると考えられるため、特例計算を行う必要がありません。

言い換えると、**簡易課税制度の適用を受けておらず、かつ、特定収入割合が5％超の場合には、必ず特例計算を行うこととなります。**

② 特定収入割合

特定収入割合は、以下の算式によって算定します。

$$特定収入割合 = \frac{その課税期間中の特定収入の合計額}{その課税期間中の(課税売上高(税抜) + 免税売上高 + 非課税売上高 + 特定収入の合計額)}$$

③ 判定表

具体的には、以下の判定表に従って、特定収入割合が5％を超える場合に特例計算を行うこととなります。

〈調整・特例計算判定表〉

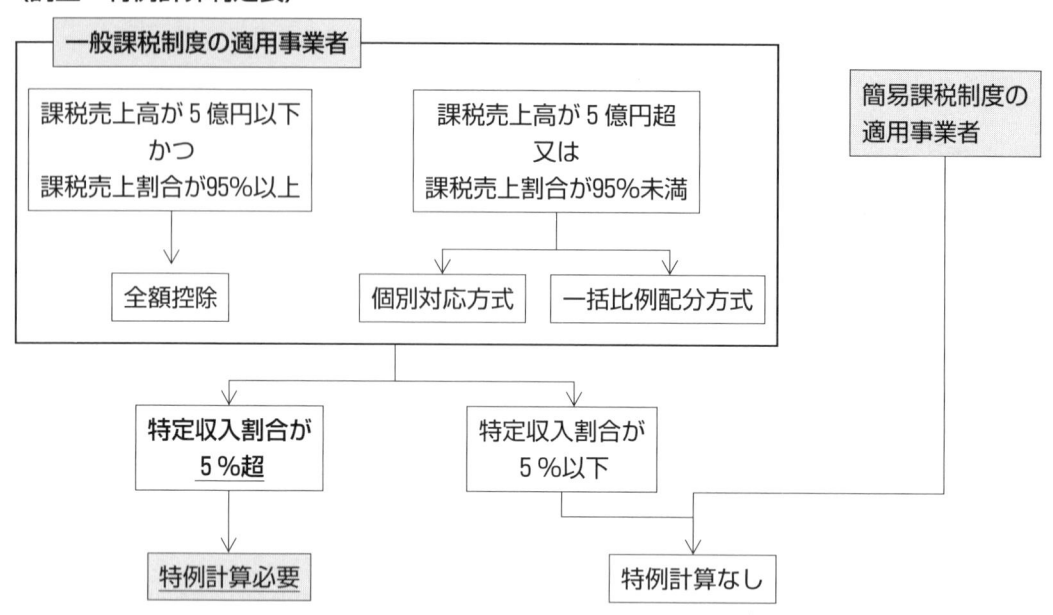

```
┌─ 一般課税制度の適用事業者 ──────────────────┐
│  ┌─────────────┐    ┌─────────────┐  │     ┌──────────┐
│  │課税売上高が5億円以下│    │課税売上高が5億円超 │  │     │簡易課税制度の│
│  │    かつ     │    │    又は     │  │     │適用事業者  │
│  │課税売上割合が95%以上│    │課税売上割合が95%未満│  │     └──────────┘
│  └──────┬──────┘    └──────┬──────┘  │
│         ↓               ↓     ↓      │
│     ┌───────┐     ┌───────┐ ┌─────────┐ │
│     │ 全額控除 │     │個別対応方式│ │一括比例配分方式│ │
│     └───┬───┘     └───┬───┘ └────┬────┘ │
└─────────┼─────────────┼──────────┼──────┘
          ↓             ↓          ↓
    ┌──────────┐   ┌──────────┐
    │特定収入割合が│   │特定収入割合が│
    │  5%超   │   │  5%以下  │
    └─────┬────┘   └─────┬────┘
          ↓              ↓
    ┌──────────┐   ┌──────────┐
    │ 特例計算必要 │   │ 特例計算なし │
    └──────────┘   └──────────┘
```

〈特定収入の趣旨〉

　社会福祉法人の事業活動は、営利を目的とする株式会社では本来成り立たない事業を行っていることが多いという実態があります。

　例えば、市町村などからの補助金収入、個人・法人からの寄附金収入などを財源として事業を行っています。

　このような収入については、支払った側は、支払った金額に見合うだけの資産を受け取ったり、役務提供を受けたりはしておらず、対価性がない収入となり、その収入には消費税が含まれていません。

　こうした消費税の含まれていない収入によって賄われた課税仕入れ等については、最終消費者的な性格を持つものと考えられます。

　消費税の含まれていない収入が多い法人においては、一般的な株式会社と比較して、不公平が生じる可能性があります。

　こうしたことから、特定収入の割合が一定基準を超える場合には、消費税の特例計算を行うこととされています。

3 特定収入に係る課税仕入れ等の税額の計算方法

(1) 課税期間中の課税売上高が5億円以下、かつ、課税売上割合が95％以上の場合

以下のように計算します。

特定収入に係る課税仕入れ等の税額 ＝ ① ＋ ②

---

① 特定収入のうち課税仕入れ等にのみ使途が特定されている部分の金額（課税仕入れ等に係る特定収入の額） × $\dfrac{6.3}{108}$

② (調整前の仕入控除税額 － ①の金額) × **調整割合（※）**

---

②の下線部分の金額がマイナスとなる場合の特定収入に係る課税仕入れ等の税額

特定収入に係る課税仕入れ等の税額 ＝ ①の金額 － $\left[\text{①の金額} － \text{調整前の仕入控除税額}\right]$ × **調整割合（※）**

※ 調整割合

調整割合とは、次の算式により計算した割合をいいます。

$$\text{調整割合} = \frac{\text{課税仕入れ等に係る特定収入以外の特定収入の合計額（使途不特定の特定収入）}}{\text{資産の譲渡等の対価の額の合計額} + \text{課税仕入れ等に係る特定収入以外の特定収入の合計額（使途不特定の特定収入）}}$$

(注) 調整割合が著しく変動した場合に該当するときは、特定収入に係る課税仕入れ等の税額について別途調整が必要となります。

(2) **課税期間中の課税売上高が５億円超又は課税売上割合が95％未満で個別対応方式により計算する場合**

以下のように計算します。

特定収入に係る課税仕入れ等の税額 ＝ ③ ＋ ④ ＋ ⑤

③ 特定収入のうち<u>課税資産の譲渡等にのみ要する課税仕入れ等のためにのみ使用することとされている部分の金額</u> × $\dfrac{6.3}{108}$

④ 特定収入のうち<u>課税資産の譲渡等と非課税資産の譲渡等に共通して要する課税仕入れ等のためにのみ使用することとされている部分の金額</u> × $\dfrac{6.3}{108}$ × 課税売上割合（課税売上割合に準ずる割合を含みます。）

⑤ ｛調整前の仕入控除税額 －（③ ＋ ④）｝× **調整割合**

⑤の下線部の金額がマイナスとなる場合の特定収入に係る課税仕入れ等の税額

特定収入に係る課税仕入れ等の税額 ＝ ③ ＋ ④ － ［（③ ＋ ④）－ 調整前の仕入控除税額］× **調整割合**

(3) **課税期間中の課税売上高が５億円超又は課税売上割合が95％未満で一括比例配分方式により計算する場合**

以下のように計算します。

特定収入に係る課税仕入れ等の税額 ＝ ⑥ ＋ ⑦

⑥ 特定収入のうち課税仕入れ等にのみ使途が特定されている部分の金額（課税仕入れ等に係る特定収入の額）× $\dfrac{6.3}{108}$ × 課税売上割合

⑦ <u>（調整前の仕入控除税額 － ⑥の金額）</u> × **調整割合**

⑦の下線部の金額がマイナスとなる場合の特定収入に係る課税仕入れ等の税額

特定収入に係る課税仕入れ等の税額 ＝ ⑥の金額 － ［⑥の金額 － 調整前の仕入控除税額］× **調整割合**

4　仕入控除税額計算の流れ

仕入控除税額の具体的な計算の流れをフローチャートに表すと次のとおりとなります。

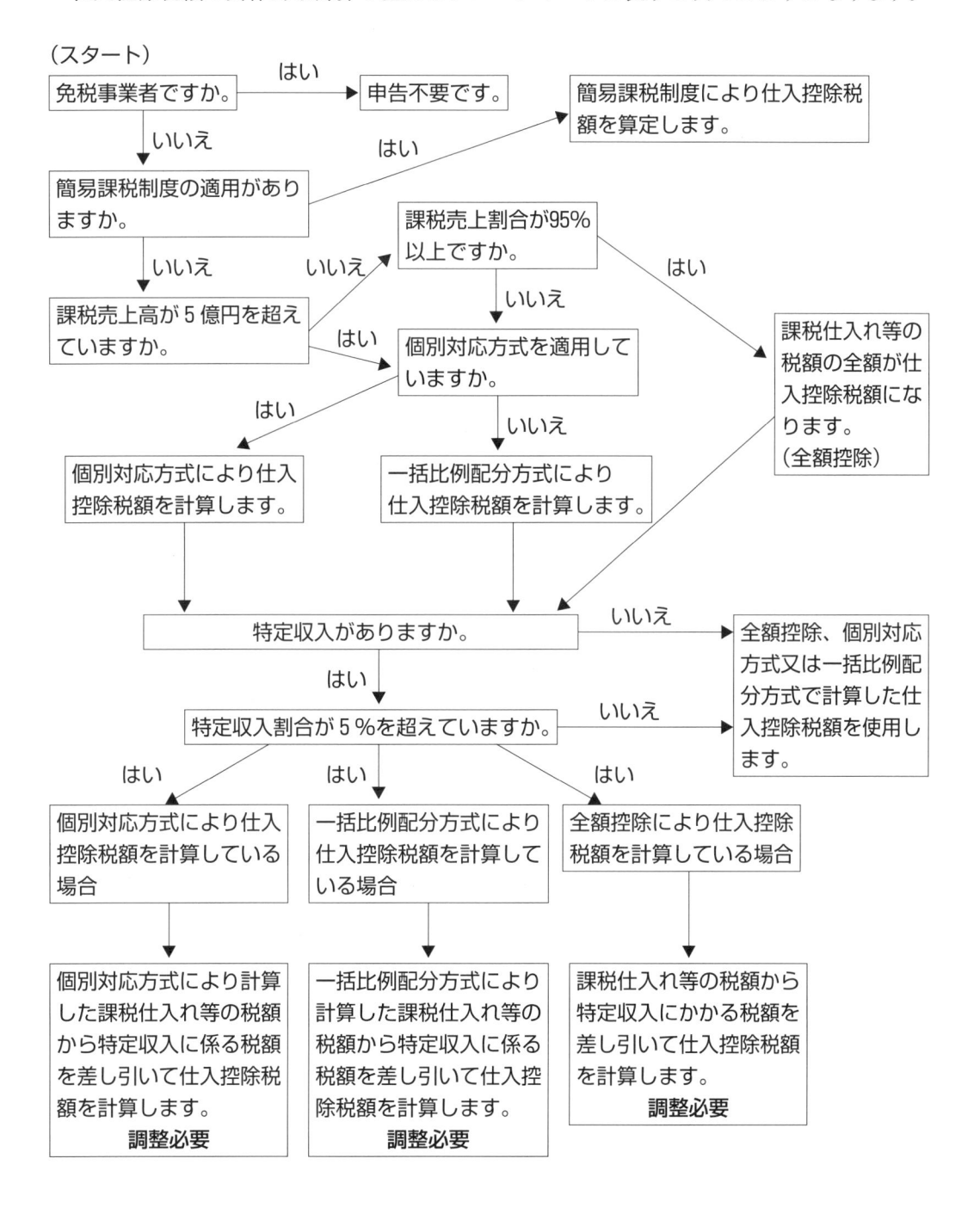

（スタート）

- 免税事業者ですか。 → はい → 申告不要です。
- いいえ ↓
- 簡易課税制度の適用がありますか。 → はい → 簡易課税制度により仕入控除税額を算定します。
- いいえ ↓
- 課税売上高が5億円を超えていますか。 → いいえ → 課税売上割合が95％以上ですか。 → はい → 課税仕入れ等の税額の全額が仕入控除税額になります。（全額控除）
- はい ↓　　　　　　　　　　　　　　　　いいえ ↓
- 　　　　　　　　　　　　　　　　　　個別対応方式を適用していますか。
- 　　　　　　はい ↓　　　　　　　　　　いいえ ↓
- 個別対応方式により仕入控除税額を計算します。　　一括比例配分方式により仕入控除税額を計算します。

↓

特定収入がありますか。 → いいえ → 全額控除、個別対応方式又は一括比例配分方式で計算した仕入控除税額を使用します。

はい ↓

特定収入割合が5％を超えていますか。 → いいえ → （同上）

はい ↓　　　　　はい ↓　　　　　はい ↓

| 個別対応方式により仕入控除税額を計算している場合 | 一括比例配分方式により仕入控除税額を計算している場合 | 全額控除により仕入控除税額を計算している場合 |

↓

| 個別対応方式により計算した課税仕入れ等の税額から特定収入に係る税額を差し引いて仕入控除税額を計算します。**調整必要** | 一括比例配分方式により計算した課税仕入れ等の税額から特定収入に係る税額を差し引いて仕入控除税額を計算します。**調整必要** | 課税仕入れ等の税額から特定収入にかかる税額を差し引いて仕入控除税額を計算します。**調整必要** |

第3章

設例による消費税申告書の書き方

消費税申告書作成までの流れ
ケース1　原則課税（個別対応方式）
ケース2　原則課税（一括比例配分方式）
ケース3　原則課税（個別対応方式・特定収入割合5％超）
ケース4　簡易課税

消費税申告書作成までの流れ

1　決算額を消費税のルールに従って区分する

日々の仕訳を、消費税のルールに従い課税・非課税などの区分ごとに集計します。

⬇

2　付表の作成

集計表から、付表の各欄を計算します。

⬇

3　申告書の作成

付表から申告書へ転記します。

ケース1　原則課税（個別対応方式）

1　決算額を消費税のルールに従って区分する

・課税期間の状況

【収入】　　　　　　　　　　　　　　　　　　　　　　　　　　　　　　（税込・単位：円）

	決算額	課税売上げ 4％	課税売上げ 6.3％	非課税売上げ	不課税売上げ 特定収入 使途特定	不課税売上げ 特定収入 使途不特定	不課税売上げ 特定収入以外
物販収入	13,065,000	105,000	12,960,000				
介護保険事業収入	67,850,000			67,850,000			
寄附金収入	2,000,000						2,000,000
受取利息	150,000			150,000			
売上対価の返還等							
合計	83,065,000	105,000	12,960,000	68,000,000			2,000,000

【支出】　　　　　　　　　　　　　　　　　　　　　　　　　　　　　　（税込・単位：円）

	決算額	課税仕入れ（4％）課税売上げにかかる課税仕入れ	課税仕入れ（6.3％）課税売上げにかかる課税仕入れ	課税仕入れ（6.3％）非課税売上げにかかる課税仕入れ	課税仕入れ（6.3％）課税・非課税売上げ共通にかかる課税仕入れ	非課税仕入れ	不課税仕入れ
人件費	46,800,000						46,800,000
事業費	24,024,000	84,000	9,720,000		12,000,000	1,620,000	600,000
事務費	4,730,000				4,200,000	350,000	180,000
合計	75,554,000	84,000	9,720,000		16,200,000	1,970,000	47,580,000

【中間納付】

・中間納付消費税額　　　　　18,000円
・中間納付地方消費税額　　　 4,500円

2 付表の作成

申告書へ記入する額は、付表へ記載した額が基礎となります。

【付表2－(2)の作成】

・課税売上高（税抜き）①

　B欄　$105,000円 \times \dfrac{100}{105} = 100,000円$

　C欄　$12,960,000円 \times \dfrac{100}{108} = 12,000,000円$

　D欄　B欄＋C欄＝12,100,000円

・免税売上高② D

　該当ありません。

・非課税資産の輸出等の金額、海外支店等へ移送した資産の価額③ D

　該当ありません。

・課税資産の譲渡等の対価の額④

　D欄　①＋②＋③＝12,100,000円

・課税資産の譲渡等の対価の額⑤

　D欄　④の額　12,100,000円

・非課税売上額⑥

　D欄　68,000,000円

　※課税売上割合を計算する際の分母に算入する額を記載します。区分表にはありませんが、特定の有価証券の譲渡対価の5％を計上する場合などがあります。

・資産の譲渡等の対価の額⑦

　D欄　⑤＋⑥＝80,100,000円

・課税売上割合

　D欄　$④÷⑦ = \dfrac{12,100,000}{80,100,000} = 15.1061\cdots\% \quad \rightarrow \quad 〔15.10\%〕$

・課税仕入れに係る支払対価の額（税込）⑧

　B欄　84,000円

　C欄　9,720,000円＋16,200,000円＝25,920,000円

　D欄　B欄＋C欄＝26,004,000円

・課税仕入れに係る消費税額⑨

　B欄　$84,000円 \times \frac{4}{105} = 3,200円$

　C欄　$25,920,000円 \times \frac{6.3}{108} = 1,512,000円$

　D欄　B欄＋C欄＝1,515,200円

・課税貨物に係る消費税額⑩

　該当ありません。

・納税義務の免除を受けない（受ける）こととなった場合における消費税額の調整（加算又は減算）額⑪

　該当ありません。

・課税仕入れ等の税額の合計額⑫

　B欄　3,200円

　C欄　1,512,000円

　D欄　B欄＋C欄＝1,515,200円

・課税売上高が5億円以下、かつ、課税売上割合が95％以上の場合⑬

　課税売上高が95％未満のため、該当ありません。

・⑫のうち、課税売上げにのみ要するもの⑭

　B欄　$84,000円 \times \frac{4}{105} = 3,200円$

　C欄　$9,720,000円 \times \frac{6.3}{108} = 567,000円$

　D欄　B欄＋C欄＝570,200円

- ⑫のうち、課税売上げと非課税売上げに共通して要するもの⑮

  B欄　該当なし

  C欄　$16,200,000円 \times \dfrac{6.3}{108} = 945,000円$

  D欄　B欄＋C欄＝945,000円

- 個別対応方式により控除する課税仕入れ等の税額⑯

  B欄　3,200円＋0円＝3,200円

  C欄　$567,000円 + \left(945,000円 \times \dfrac{12,100,000}{80,100,000}\right) = 709,752円$

  D欄　B欄＋C欄＝712,952円

- ⑰〜⑲欄

  該当ありません。

- 差引　控除対象仕入税額⑳

  B欄　3,200円

  C欄　709,752円

  D欄　B欄＋C欄＝712,952円

- ㉑〜㉒欄

  該当ありません。

【付表1の作成】

- 課税標準①

  B欄　$105,000円 \times \dfrac{100}{105} = 100,000円$

  C欄　$12,960,000円 \times \dfrac{100}{108} = 12,000,000円$

  D欄　B欄＋C欄＝12,100,000円

- 消費税額②

  B欄　100,000円×4％＝4,000円

  C欄　12,000,000円×6.3％＝756,000円

  D欄　B欄＋C欄＝760,000円

・控除過大調整税額③

　B欄　付表2-(2)㉑B欄+㉒B欄を記入します。今回は該当ありません。
　C欄　付表2-(2)㉑C欄+㉒C欄を記入します。今回は該当ありません。
　D欄　B欄+C欄です。今回は該当ありません。

・控除税額　控除対象仕入税額④

　B欄　付表2-(2)⑳B欄から転記します。今回は3,200円です。
　C欄　付表2-(2)⑳C欄から転記します。今回は709,752円です。
　D欄　B欄+C欄=712,952円

・返還等対価に係る税額⑤

　該当ありません。

・貸倒れに係る税額⑥

　該当ありません。

・控除税額小計⑦

　B欄　④B+⑤B+⑥B=3,200円
　C欄　④C+⑤C+⑥C=709,752円
　D欄　B欄+C欄=712,952円

・控除不足還付税額⑧

　該当ありません。

・差引税額⑨

　B欄　②B+③B-⑦B=800円
　C欄　②C+③C-⑦C=46,248円
　D欄　B欄+C欄=47,048円

・合計差引税額⑩

　D欄　⑨D-⑧D=47,048円

・地方消費税の課税標準となる消費税額　控除不足還付税額⑪

　該当ありません。

・地方消費税の課税標準となる消費税額　差引税額⑫

　　B欄　⑨B　800円

　　C欄　⑨C　46,248円

　　D欄　B欄＋C欄＝47,048円

・合計差引地方消費税の課税標準となる消費税額⑬

　　D欄　⑫D－⑪D＝47,048円

・譲渡割額　還付額⑭

　　該当ありません。

・譲渡割額　納税額⑮

　　B欄　⑫B×$\dfrac{25}{100}$＝200円

　　C欄　⑫C×$\dfrac{17}{63}$＝12,479円

　　D欄　B欄＋C欄＝12,679円

・合計差引譲渡割額⑯

　　D欄　⑮D－⑭D＝12,679円

3 申告書の作成

付表1、付表2-(2)から申告書へ次の項目を転記します。

申告書の項目		記載する内容
課税標準額		① 付表1の①D欄
消費税額		② 付表1の②D欄
控除過大調整税額		③ 付表1の③D欄
控除税額	控除対象仕入税額	④ 付表1の④D欄
	返還等対価に係る税額	⑤ 付表1の⑤D欄
	貸倒れに係る税額	⑥ 付表1の⑥D欄
	控除税額小計	⑦ 付表1の⑦D欄
控除不足還付税額		⑧ 付表1の⑩D欄(付表1の⑩Dがマイナスの場合)
差引税額（百円未満切捨て）		⑨ 付表1の⑩D欄（付表1の⑩Dがプラスの場合）
中間納付税額		⑩ 中間納付税額の合計を記載
納付税額		⑪ ⑨－⑩を計算
中間納付還付税額		⑫ ⑨－⑩がマイナスの場合に記載
この申告書が修正申告である場合	既確定税額	⑬
	差引納付税額	⑭
課税売上割合	課税資産の譲渡等の対価の額	⑮ 付表2-(2)の④D欄
	資産の譲渡等の対価の額	⑯ 付表2-(2)の⑦D欄
地方消費税の課税標準となる消費税額	控除不足還付税額	⑰ 付表1の⑬D欄(付表1の⑬Dがマイナスの場合)
	差引税額	⑱ 付表1の⑬D欄（付表1の⑬Dがプラスの場合）
譲渡割額	還付額	⑲ 付表1の⑯D欄(付表1の⑯Dがマイナスの場合)
	納税額	⑳ 付表1の⑯D欄（付表1の⑯Dがプラスの場合）
中間納付譲渡割額		㉑ 中間納付譲渡割額の合計を記載
納付譲渡割額		㉒ ⑳－㉑を計算
中間納付還付譲渡割額		㉓ ⑳－㉑がマイナスの場合に記載
この申告書が修正申告である場合	既確定税額	㉔
	差引納付税額	㉕

消費税及び地方消費税の合計（納付又は還付）税額	㉖ 申告書⑪＋㉒ （還付の場合は、⑫＋㉓）

第27-(1)号様式

平成27年○月○日　税務署長殿

納税地　（電話番号　-　-　）
（フリガナ）シャカイフクシホウジン ウチダカイ
名称又は屋号　社会福祉法人　内田会
（フリガナ）ウチダ マリオ
代表者氏名又は氏名　内田　真理男　㊞
経理担当者氏名　木村　温子

自 平成26年4月1日
至 平成27年3月31日

課税期間分の消費税及び地方消費税の（ 確定 ）申告書

GK0302

平成二十六年四月一日以後終了課税期間分（一般用）

この申告書による消費税の税額の計算

① 課税標準額	121,000,000	03
② 消費税額	760,000	06
③ 控除過大調整税額		07
④ 控除対象仕入税額	712,952	08
⑤ 返還等対価に係る税額		09
⑥ 貸倒れに係る税額		10
⑦ 控除税額小計（④+⑤+⑥）	712,952	12
⑧ 控除不足還付税額（⑦-②-③）		13
⑨ 差引税額（②+③-⑦）	47,000	15
⑩ 中間納付税額	18,000	16
⑪ 納付税額（⑨-⑩）	29,000	17
⑫ 中間納付還付税額（⑩-⑨）	00	18
⑬ 既確定税額		19
⑭ 差引納付税額	00	20
⑮ 課税売上割合　課税資産の譲渡等の対価の額	121,000,000	21
⑯ 資産の譲渡等の対価の額	801,000,000	22

この申告書による地方消費税の税額の計算

⑰ 地方消費税の課税標準となる消費税額　控除不足還付税額		51
⑱ 差引税額	47,000	52
⑲ 譲渡割額　還付額		53
⑳ 納税額	12,600	54
㉑ 中間納付譲渡割額	4,500	55
㉒ 納付譲渡割額（⑳-㉑）	8,100	56
㉓ 中間納付還付譲渡割額（㉑-⑳）	00	57
㉔ 既確定譲渡割額		58
㉕ 差引納付譲渡割額		59
㉖ 消費税及び地方消費税の合計（納付又は還付）税額	37,100	60

㉖=(⑪+⑳)-(⑧+⑫+⑲+㉓)・修正申告の場合㉖=⑭+㉕
㉖が還付税額となる場合はマイナス「-」を付してください。

付記事項

割賦基準の適用	有 ○無	31
延払基準等の適用	有 ○無	32
工事進行基準の適用	有 ○無	33
現金主義会計の適用	有 ○無	34
課税標準額に対する消費税額の計算の特例の適用	有 ○	35

参考事項

控除税額計算の方法	
課税売上高5億円超又は課税売上割合95%未満	○個別対応方式／一括比例配分方式
上記以外	全額控除

基準期間の課税売上高　10,800,000円

①及び②の内訳

区分	課税標準額	消費税額
3%分	千円	円
4%分	100千円	4,000
6.3%分	12,000千円	756,000円

⑫又は⑱の内訳

区分	地方消費税の課税標準となる消費税額
4%分	800円
6.3%分	46,248円

還付を受けようとする金融機関等：銀行・金庫・組合・農協・漁協　本店・支店／出張所／本所・支所
預金　口座番号
ゆうちょ銀行の貯金記号番号
郵便局名等

税理士署名押印　㊞（電話番号　-　-　）

○ 税理士法第30条の書面提出有
○ 税理士法第33条の2の書面提出有

第28-(4)号様式

付表1 旧・新税率別、消費税額計算表 兼地方消費税の課税標準となる消費税額計算表

（経過措置対象課税資産の譲渡等を含む課税期間用） 一般

| 課税期間 | 26・4・1～27・3・31 | 氏名又は名称 | 社会福祉法人　内田会 |

区　分	税率3%適用分 A	税率4%適用分 B	税率6.3%適用分 C	合計 D (A+B+C)
課税標準額 ①	000 円	100,000 円	12,000,000 円	12,100,000 円
消費税額 ②		4,000	756,000	760,000
控除過大調整税額 ③				
控除対象仕入税額 ④		3,200	709,752	712,952
返還等対価に係る税額 ⑤				
貸倒れに係る税額 ⑥				
控除税額小計 (④+⑤+⑥) ⑦		3,200	709,752	712,952
控除不足還付税額 (⑦-②-③) ⑧				
差引税額 (②+③-⑦) ⑨		800	46,248	47,048
合計差引税額 (⑨-⑧) ⑩				47,048
地方消費税の課税標準となる消費税額 控除不足還付税額 ⑪				
差引税額 ⑫		800	46,248	47,048
合計差引地方消費税の課税標準となる消費税額 (⑫-⑪) ⑬				47,048
譲渡割額 還付額 ⑭				
納税額 ⑮		200	12,479	12,679
合計差引譲渡割額 (⑮-⑭) ⑯				12,679

163

第28-(5)号様式

付表2-(2) 課税売上割合・控除対象仕入税額等の計算表
〔経過措置対象課税資産の譲渡等を含む課税期間用〕

一般

| 課税期間 | 26・4・1～27・3・31 | 氏名又は名称 | 社会福祉法人　内田会 |

項目		税率3%適用分 A	税率4%適用分 B	税率6.3%適用分 C	合計 D (A+B+C)
課税売上額（税抜き）	①	円	円 100,000	円 12,000,000	円 12,100,000
免税売上額	②				
非課税資産の輸出等の金額、海外支店等へ移送した資産の価額	③				
課税資産の譲渡等の対価の額（①＋②＋③）	④				※申告書の⑮欄へ 12,100,000
課税資産の譲渡等の対価の額（④の金額）	⑤				12,100,000
非課税売上額	⑥				68,000,000
資産の譲渡等の対価の額（⑤＋⑥）	⑦				※申告書の⑯欄へ 80,100,000
課税売上割合（④／⑦）					〔15.10%〕※端数切捨て
課税仕入れに係る支払対価の額（税込み）	⑧		84,000	25,920,000	26,004,000
課税仕入れに係る消費税額	⑨	(⑧A欄×3/103)	(⑧B欄×4/105) 3,200	(⑧C欄×6.3/108) 1,512,000	1,515,200
課税貨物に係る消費税額	⑩				
納税義務の免除を受けない（受ける）こととなった場合における消費税額の調整（加算又は減算）額	⑪				
課税仕入れ等の税額の合計額（⑨＋⑩±⑪）	⑫		3,200	1,512,000	1,515,200
課税売上高が5億円以下、かつ、課税売上割合が95％以上の場合（⑫の金額）	⑬				
課税売上高が5億円超又は課税売上割合が95％未満の場合 個別対応方式	⑫のうち、課税売上げにのみ要するもの	⑭	3,200	567,000	570,200
	⑫のうち、課税売上げと非課税売上げに共通して要するもの	⑮		945,000	945,000
	個別対応方式により控除する課税仕入れ等の税額〔⑭＋(⑮×④／⑦)〕	⑯	3,200	709,752	712,952
	一括比例配分方式により控除する課税仕入れ等の税額（⑫×④／⑦）	⑰			
控除税額の調整	課税売上割合変動時の調整対象固定資産に係る消費税額の調整（加算又は減算）額	⑱			
	調整対象固定資産を課税業務用（非課税業務用）に転用した場合の調整（加算又は減算）額	⑲			
差引	控除対象仕入税額〔((⑬、⑯又は⑰の金額)±⑱±⑲)〕がプラスの時	⑳	※付表1の④A欄へ	※付表1の④B欄へ 3,200	※付表1の④C欄へ 709,752	712,952
	控除過大調整税額〔((⑬、⑯又は⑰の金額)±⑱±⑲)〕がマイナスの時	㉑	※付表1の③A欄へ	※付表1の③B欄へ	※付表1の③C欄へ	
貸倒回収に係る消費税額	㉒	※付表1の③A欄へ	※付表1の③B欄へ	※付表1の③C欄へ	

注意　金額の計算においては、1円未満の端数を切り捨てる。

ケース2　原則課税（一括比例配分方式）

1　決算額を消費税のルールに従って区分する

・課税期間の状況

【収入】　　　　　　　　　　　　　　　　　　　　　　　　　　　　　（税込・単位：円）

	決算額	課税売上げ 4%	課税売上げ 6.3%	非課税売上げ	不課税売上げ 特定収入 使途特定	不課税売上げ 特定収入 使途不特定	不課税売上げ 特定収入以外
物販収入	13,065,000	105,000	12,960,000				
介護保険事業収入	67,850,000			67,850,000			
寄附金収入	2,000,000						2,000,000
受取利息	150,000			150,000			
売上対価の返還等							
合計	83,065,000	105,000	12,960,000	68,000,000			2,000,000

【支出】　　　　　　　　　　　　　　　　　　　　　　　　　　　　　（税込・単位：円）

	決算額	課税仕入れ(4%) 課税売上げにかかる課税仕入れ	課税仕入れ(6.3%) 課税売上げにかかる課税仕入れ	課税仕入れ(6.3%) 非課税売上げにかかる課税仕入れ	課税仕入れ(6.3%) 課税・非課税売上げ共通にかかる課税仕入れ	非課税仕入れ	不課税仕入れ
人件費	46,800,000						46,800,000
事業費	24,024,000	84,000	9,720,000		12,000,000	1,620,000	600,000
事務費	4,730,000				4,200,000	350,000	180,000
合計	75,554,000	84,000	9,720,000		16,200,000	1,970,000	47,580,000

【中間納付】

・中間納付消費税額　　　　　　　18,000円
・中間納付地方消費税額　　　　　 4,500円

2　付表の作成

申告書へ記入する額は、付表へ記載した額が基礎となります。

【付表2－(2)の作成】

・課税売上高（税抜き）①

　B欄　$105,000円 \times \dfrac{100}{105} = 100,000円$

　C欄　$12,960,000円 \times \dfrac{100}{108} = 12,000,000円$

　D欄　B欄＋C欄＝12,100,000円

・免税売上高② D

　該当ありません。

・非課税資産の輸出等の金額、海外支店等へ移送した資産の価額③ D

　該当ありません。

・課税資産の譲渡等の対価の額④

　D欄　①＋②＋③＝12,100,000円

・課税資産の譲渡等の対価の額⑤

　D欄　④の額　12,100,000円

・非課税売上額⑥

　D欄　68,000,000円

　※課税売上割合を計算する際の分母に算入する額を記載します。区分表にはありませんが、特定の有価証券の譲渡対価の5％を計上する場合などがあります。

・資産の譲渡等の対価の額⑦

　D欄　⑤＋⑥＝80,100,000円

・課税売上割合

　D欄　$④ \div ⑦ = \dfrac{12,100,000}{80,100,000} = 15.1061\cdots\% \quad \rightarrow \quad 〔15.10\%〕$

・課税仕入れに係る支払対価の額（税込）⑧

　B欄　84,000円

　C欄　9,720,000円＋16,200,000円＝25,920,000円

　D欄　B欄＋C欄＝26,004,000円

・課税仕入れに係る消費税額⑨

　B欄　$84,000円 \times \frac{4}{105} = 3,200円$

　C欄　$25,920,000円 \times \frac{6.3}{108} = 1,512,000円$

　D欄　B欄＋C欄＝1,515,200円

・課税貨物に係る消費税額⑩

　該当ありません。

・納税義務の免除を受けない（受ける）こととなった場合における消費税額の調整（加算又は減算）額⑪

　該当ありません。

・課税仕入れ等の税額の合計額⑫

　B欄　3,200円

　C欄　1,512,000円

　D欄　B欄＋C欄＝1,515,200円

・⑬～⑯

　該当ありません。

・一括比例配分方式により控除する課税仕入れ等の税額⑰

　B欄　$3,200円 \times \frac{12,100,000}{80,100,000} = 483円$

　C欄　$1,512,000円 \times \frac{12,100,000}{80,100,000} = 228,404円$

　D欄　B欄＋C欄＝228,887円

- ⑱〜⑲欄

    該当ありません。

- 差引　控除対象仕入税額⑳

    B欄　483円

    C欄　228,404円

    D欄　B欄＋C欄＝228,887円

- ㉑〜㉒欄

    該当ありません。

【付表1の作成】

- 課税標準①

    B欄　$105,000円 \times \dfrac{100}{105} = 100,000円$

    C欄　$12,960,000円 \times \dfrac{100}{108} = 12,000,000円$

    D欄　B欄＋C欄＝12,100,000円

- 消費税額②

    B欄　$100,000円 \times 4\% = 4,000円$

    C欄　$12,000,000円 \times 6.3\% = 756,000円$

    D欄　B欄＋C欄＝760,000円

- 控除過大調整税額③

    B欄　付表2－(2)㉑B欄＋㉒B欄を記入します。今回は該当ありません。

    C欄　付表2－(2)㉑C欄＋㉒C欄を記入します。今回は該当ありません。

    D欄　B欄＋C欄です。今回は該当ありません。

- 控除税額　控除対象仕入税額④

    B欄　付表2－(2)⑳B欄から転記します。今回は483円です。

    C欄　付表2－(2)⑳C欄から転記します。今回は228,404円です。

    D欄　B欄＋C欄＝228,887円

・返還等対価に係る税額⑤

　該当ありません。

・貸倒れに係る税額⑥

　該当ありません。

・控除税額小計⑦

　B欄　④B+⑤B+⑥B=483円

　C欄　④C+⑤C+⑥C=228,404円

　D欄　B欄+C欄=228,887円

・控除不足還付税額⑧

　該当ありません。

・差引税額⑨

　B欄　②B+③B−⑦B=3,517円

　C欄　②C+③C−⑦C=527,596円

　D欄　B欄+C欄=531,113円

・合計差引税額⑩

　D欄　⑨D−⑧D=531,113円

・地方消費税の課税標準となる消費税額　控除不足還付税額⑪

　該当ありません。

・地方消費税の課税標準となる消費税額　差引税額⑫

　B欄　⑨B　3,517円

　C欄　⑨C　527,596円

　D欄　B欄+C欄=531,113円

・合計差引地方消費税の課税標準となる消費税額⑬

　D欄　⑫D−⑪D=531,113円

・譲渡割額　還付額⑭

　該当ありません。

・譲渡割額　納税額⑮

　B欄　⑫ B × $\dfrac{25}{100}$ = 879円

　C欄　⑫ C × $\dfrac{17}{63}$ = 142,367円

　D欄　B欄 + C欄 = 143,246円

・合計差引譲渡割額⑯

　D欄　⑮ D - ⑭ D = 143,246円

3　申告書の作成

付表1、付表2-(2)から申告書へ次の項目を転記します。

申告書の項目		記載する内容
課税標準額		① 付表1の①D欄
消費税額		② 付表1の②D欄
控除過大調整税額		③ 付表1の③D欄
控除税額	控除対象仕入税額	④ 付表1の④D欄
	返還等対価に係る税額	⑤ 付表1の⑤D欄
	貸倒れに係る税額	⑥ 付表1の⑥D欄
	控除税額小計	⑦ 付表1の⑦D欄
控除不足還付税額		⑧ 付表1の⑩D欄（付表1の⑩Dがマイナスの場合）
差引税額（百円未満切捨て）		⑨ 付表1の⑩D欄（付表1の⑩Dがプラスの場合）
中間納付税額		⑩ 中間納付税額の合計を記載
納付税額		⑪ ⑨－⑩を計算
中間納付還付税額		⑫ ⑨－⑩がマイナスの場合に記載
この申告書が修正申告である場合	既確定税額	⑬
	差引納付税額	⑭
課税売上割合	課税資産の譲渡等の対価の額	⑮ 付表2-(2)の④D欄
	資産の譲渡等の対価の額	⑯ 付表2-(2)の⑦D欄
地方消費税の課税標準となる消費税額	控除不足還付税額	⑰ 付表1の⑬D欄（付表1の⑬Dがマイナスの場合）
	差引税額	⑱ 付表1の⑬D欄（付表1の⑬Dがプラスの場合）
譲渡割額	還付額	⑲ 付表1の⑯D欄（付表1の⑯Dがマイナスの場合）
	納税額	⑳ 付表1の⑯D欄（付表1の⑯Dがプラスの場合）
中間納付譲渡割額		㉑ 中間納付譲渡割額の合計を記載
納付譲渡割額		㉒ ⑳－㉑を計算
中間納付還付譲渡割額		㉓ ⑳－㉑がマイナスの場合に記載
この申告書が修正申告である場合	既確定税額	㉔
	差引納付税額	㉕
消費税及び地方消費税の合計（納付又は還付）税額		㉖ 申告書⑪＋㉒（還付の場合は、⑫＋㉓）

第27－(1)号様式

GK0302

平成27年○月○日　税務署長殿

納税地　（電話番号　－　－　）
（フリガナ）シャカイフクシホウジン ウチダカイ
名称又は屋号　社会福祉法人　内田会
（フリガナ）ウチダ マリオ
代表者氏名又は氏名　内田　真理男　㊞
経理担当者氏名　木村　温子

自 平成 26 年 4 月 1 日
至 平成 27 年 3 月 31 日

課税期間分の消費税及び地方消費税の（ 確定 ）申告書

中間申告の場合の対象期間 自 平成　年　月　日　至 平成　年　月　日

この申告書による消費税の税額の計算

課税標準額	①	121,000,000
消費税額	②	7,600,000
控除過大調整税額	③	
控除対象仕入税額	④	228,887
返還等対価に係る税額	⑤	
貸倒れに係る税額	⑥	
控除税額小計（④+⑤+⑥）	⑦	228,887
控除不足還付税額（⑦-②-③）	⑧	
差引税額（②+③-⑦）	⑨	5,311,00
中間納付税額	⑩	180,0
納付税額（⑨-⑩）	⑪	5,131,00
中間納付還付税額（⑩-⑨）	⑫	00
既確定税額	⑬	
差引納付税額	⑭	00
課税資産の譲渡等の対価の額	⑮	121,000,000
資産の譲渡等の対価の額	⑯	80,100,000

この申告書による地方消費税の税額の計算

地方消費税の課税標準となる消費税額 控除不足還付税額	⑰	
差引税額	⑱	5,311,00
譲渡割額 還付額	⑲	
譲渡割額 納税額	⑳	1,432,00
中間納付譲渡割額	㉑	45,00
納付譲渡割額（⑳-㉑）	㉒	1,387,00
中間納付還付譲渡割額（㉑-⑳）	㉓	00
既確定譲渡割額	㉔	
差引納付譲渡割額	㉕	00
消費税及び地方消費税の合計（納付又は還付）税額	㉖	6,518,00

㉖＝(⑪+⑫)-(⑮+⑲+㉓)・修正申告の場合㉖＝⑭+㉕
㉖が還付税額となる場合はマイナス「－」を付してください。

付記事項・参考事項

割賦基準の適用	有・無
延払基準等の適用	有・無
工事進行基準の適用	有・無
現金主義会計の適用	有・無
課税標準額に対する消費税額の計算の特例の適用	有・〇無

控除税額計算の方法
課税売上高5億円超又は課税売上割合95％未満　〇一括比例配分方式　個別対応方式
上記以外　全額控除

基準期間の課税売上高　10,800,000 円

①及び②の内訳

区分	課税標準額	消費税額
3％分	千円	円
4％分	100 千円	4,000 円
6.3％分	12,000 千円	756,000 円

⑰又は⑱の内訳

区分	地方消費税の課税標準となる消費税額
4％分	3,517 円
6.3％分	527,596 円

還付を受けようとする金融機関等
銀行　本店・支店
金庫・組合　出張所
農協・漁協　本所・支所
預金　口座番号
ゆうちょ銀行の貯金記号番号
郵便局名等

※税務署整理欄

税理士署名押印　㊞（電話番号　－　－　）
○ 税理士法第30条の書面提出有
○ 税理士法第33条の2の書面提出有

第28-(4)号様式

付表1　旧・新税率別、消費税額計算表　兼地方消費税の課税標準となる消費税額計算表　〔経過措置対象課税資産の譲渡等を含む課税期間用〕　一般

| 課税期間 | 26・4・1 ～ 27・3・31 | 氏名又は名称 | 社会福祉法人　内田会 |

区分		税率3％適用分 A	税率4％適用分 B	税率6.3％適用分 C	合計 D (A+B+C)
課税標準額	①	000 円	100,000 円	12,000,000 円	12,100,000 円
消費税額	②		4,000	756,000	760,000
控除過大調整税額	③				
控除税額 控除対象仕入税額	④		483	228,404	228,887
返還等対価に係る税額	⑤				
貸倒れに係る税額	⑥				
控除税額小計 (④+⑤+⑥)	⑦		483	228,404	228,887
控除不足還付税額 (⑦-②-③)	⑧				
差引税額 (②+③-⑦)	⑨		3,517	527,596	531,113
合計差引税額 (⑨-⑧)	⑩				531,113
地方消費税の課税標準となる消費税額 控除不足還付税額	⑪				
差引税額	⑫		3,517	527,596	531,113
合計差引地方消費税の課税標準となる消費税額 (⑫-⑪)	⑬				531,113
譲渡割額 還付額	⑭				
納税額	⑮		879	142,367	143,246
合計差引譲渡割額 (⑮-⑭)	⑯				143,246

第28-(5)号様式

付表2-(2) 課税売上割合・控除対象仕入税額等の計算表
[経過措置対象課税資産の譲渡等を含む課税期間用]

一般

| 課税期間 | 26・4・1～27・3・31 | 氏名又は名称 | 社会福祉法人　内田会 |

項目		税率3%適用分 A	税率4%適用分 B	税率6.3%適用分 C	合計 D (A+B+C)
課税売上額（税抜き）	①	円	100,000 円	12,000,000 円	12,100,000 円
免税売上額	②				
非課税資産の輸出等の金額、海外支店等へ移送した資産の価額	③				
課税資産の譲渡等の対価の額（①+②+③）	④				※申告書の⑮欄へ 12,100,000
課税資産の譲渡等の対価の額（④の金額）	⑤				12,100,000
非課税売上額	⑥				68,000,000
資産の譲渡等の対価の額（⑤+⑥）	⑦				※申告書の⑯欄へ 80,100,000
課税売上割合（④/⑦）					[15.10%] ※端数切捨て
課税仕入れに係る支払対価の額（税込み）	⑧		84,000	25,920,000	26,004,000
課税仕入れに係る消費税額	⑨		(⑧A欄×3/103)	(⑧B欄×4/105) 3,200	(⑧C欄×6.3/108) 1,512,000	1,515,200
課税貨物に係る消費税額	⑩				
納税義務の免除を受けない（受ける）こととなった場合における消費税額の調整（加算又は減算）額	⑪				
課税仕入れ等の税額の合計額（⑨+⑩±⑪）	⑫		3,200	1,512,000	1,515,200
課税売上高が5億円以下、かつ、課税売上割合が95％以上の場合（⑫の金額）	⑬				
課税売上高が5億円超又は課税売上割合が95%未満の場合 / 個別対応方式 / ⑫のうち、課税売上げにのみ要するもの	⑭				
⑫のうち、課税売上げと非課税売上げに共通して要するもの	⑮				
個別対応方式により控除する課税仕入れ等の税額 [⑭+(⑮×④/⑦)]	⑯				
一括比例配分方式により控除する課税仕入れ等の税額 (⑫×④/⑦)	⑰		483	228,404	228,887
控除税額の調整 / 課税売上割合変動時の調整対象固定資産に係る消費税額の調整（加算又は減算）額	⑱				
調整対象固定資産を課税業務用（非課税業務用）に転用した場合の調整（加算又は減算）額	⑲				
差引 / 控除対象仕入税額 [(⑬、⑯又は⑰の金額)±⑱±⑲]がプラスの時	⑳	※付表1の④A欄へ	※付表1の④B欄へ 483	※付表1の④C欄へ 228,404	228,887
控除過大調整税額 [(⑬、⑯又は⑰の金額)±⑱±⑲]がマイナスの時	㉑	※付表1の③A欄へ	※付表1の③B欄へ	※付表1の③C欄へ	
貸倒回収に係る消費税額	㉒	※付表1の③A欄へ	※付表1の③B欄へ	※付表1の③C欄へ	

注意　金額の計算においては、1円未満の端数を切り捨てる。

ケース3　原則課税（個別対応方式・特定収入割合5％超）

1　決算額を消費税のルールに従って区分する

・課税期間の状況

【収入】　　　　　　　　　　　　　　　　　　　　　　　　　　　　　　（税込・単位：円）

	決算額	課税売上げ 4％	課税売上げ 6.3％	非課税売上げ	不課税売上げ 特定収入 使途特定	不課税売上げ 特定収入 使途不特定	不課税売上げ 特定収入以外
物販収入	13,065,000	105,000	12,960,000				
介護保険事業収入	67,850,000			67,850,000			
寄附金収入	8,000,000					6,000,000	2,000,000
受取利息	150,000			150,000			
売上対価の返還等							
合計	89,065,000	105,000	12,960,000	68,000,000		6,000,000	2,000,000

$$\frac{特定収入}{(税抜課税売上＋非課税売上＋特定収入)} = \frac{6,000,000}{86,100,000} = 6.969\% > 5\%$$

特定収入割合が5％を超えるため、課税仕入れの調整計算が必要です。

【支出】　　　　　　　　　　　　　　　　　　　　　　　　　　　　　　（税込・単位：円）

	決算額	課税仕入れ（4％） 課税売上げにかかる課税仕入れ	課税仕入れ（6.3％） 課税売上げにかかる課税仕入れ	課税仕入れ（6.3％） 非課税売上げにかかる課税仕入れ	課税仕入れ（6.3％） 課税・非課税売上げ共通にかかる課税仕入れ	非課税仕入れ	不課税仕入れ
人件費	46,800,000						46,800,000
事業費	24,024,000	84,000	9,720,000		12,000,000	1,620,000	600,000
事務費	4,730,000				4,200,000	350,000	180,000
合計	75,554,000	84,000	9,720,000		16,200,000	1,970,000	47,580,000

【中間納付】

・中間納付消費税額　　　　　　　　18,000円
・中間納付地方消費税額　　　　　　4,500円

2　付表の作成

申告書へ記入する額は、付表へ記載した額が基礎となります。

【付表2−(2)の作成】

・課税売上高（税抜き）①

　B欄　$105,000円 \times \dfrac{100}{105} = 100,000円$

　C欄　$12,960,000円 \times \dfrac{100}{108} = 12,000,000円$

　D欄　B欄＋C欄＝12,100,000円

・免税売上高②D

　該当ありません。

・非課税資産の輸出等の金額、海外支店等へ移送した資産の価額③D

　該当ありません。

・課税資産の譲渡等の対価の額④

　D欄　①＋②＋③＝12,100,000円

・課税資産の譲渡等の対価の額⑤

　D欄　④の額　12,100,000円

・非課税売上額⑥

　D欄　68,000,000円

　※課税売上割合を計算する際の分母に算入する額を記載します。区分表にはありませんが、特定の有価証券の譲渡対価の5％を計上する場合などがあります。

・資産の譲渡等の対価の額⑦

　D欄　⑤＋⑥＝80,100,000円

・課税売上割合

　D欄　$④ \div ⑦ = \dfrac{12,100,000}{80,100,000} = 15.1061\cdots\%$　→　〔15.10％〕

第3章 設例による消費税申告書の書き方

・課税仕入れに係る支払対価の額（税込）⑧

　B欄　84,000円

　C欄　9,720,000円 + 16,200,000円 = 25,920,000円

　D欄　B欄 + C欄 = 26,004,000円

・課税仕入れに係る消費税額⑨

　B欄　$84,000円 \times \dfrac{4}{105} = 3,200円$

　C欄　$25,920,000円 \times \dfrac{6.3}{108} = 1,512,000円$

　D欄　B欄 + C欄 = 1,515,200円

・課税貨物に係る消費税額⑩

　該当ありません。

・納税義務の免除を受けない（受ける）こととなった場合における消費税額の調整（加算又は減算）額⑪

　該当ありません。

・課税仕入れ等の税額の合計額⑫

　B欄　3,200円

　C欄　1,512,000円

　D欄　B欄 + C欄 = 1,515,200円

・課税売上高が5億円以下、かつ、課税売上割合が95％以上の場合⑬

　課税売上高が95％未満のため、該当ありません。

・⑫のうち、課税売上にのみ要するもの⑭

　B欄　$84,000円 \times \dfrac{4}{105} = 3,200円$

　C欄　$9,720,000円 \times \dfrac{6.3}{108} = 567,000円$

　D欄　B欄 + C欄 = 570,200円

・⑫のうち、課税売上げと非課税売上げに共通して要するもの⑮

　B欄　該当なし

　C欄　$16,200,000円 \times \dfrac{6.3}{108} = 945,000円$

　D欄　B欄＋C欄＝945,000円

・個別対応方式により控除する課税仕入れ等の税額⑯

　B欄　3,200円＋0＝3,200円

　C欄　$567,000円 + \left(945,000円 \times \dfrac{12,100,000}{80,100,000}\right) = 709,752円$

　D欄　B欄＋C欄＝712,952円

・一括比例配分方式により控除する課税仕入れ等の税額⑰

　一括比例配分方式により課税仕入れ等の税額を計算する場合に記載します。

　今回は該当ありません。

・⑰～⑲欄

　該当ありません。

特定収入にかかる調整割合の計算

$$調整割合 = \dfrac{使途不特定の特定収入}{(税抜課税売上げ＋非課税売上げ＋使途不特定の特定収入)}$$

$$= \dfrac{6,000,000}{(100,000 + 12,000,000 + 68,000,000 + 6,000,000)}$$

$$= \dfrac{6,000,000}{86,100,000}$$

$$= 6.9686411\% \quad \cdots\cdots Ⓐ$$

・差引　控除対象仕入税額⑳

　B欄　3,200円－(3,200円×Ⓐ)＝2,978円

　C欄　709,752円－(709,752円×Ⓐ)＝660,292円

　D欄　B欄＋C欄＝663,270円

・㉑～㉒欄

　該当ありません。

【付表1の作成】

- 課税標準①

  B欄　$105{,}000円 \times \dfrac{100}{105} = 100{,}000円$

  C欄　$12{,}960{,}000円 \times \dfrac{100}{108} = 12{,}000{,}000円$

  D欄　B欄＋C欄＝12,100,000円

- 消費税額②

  B欄　100,000円×4％＝4,000円

  C欄　12,000,000円×6.3％＝756,000円

  D欄　B欄＋C欄＝760,000円

- 控除過大調整税額③

  B欄　付表2－(2)㉑B欄＋㉒B欄を記入します。今回は該当ありません。

  C欄　付表2－(2)㉑C欄＋㉒C欄を記入します。今回は該当ありません。

  D欄　B欄＋C欄です。今回は該当ありません。

- 控除税額　控除対象仕入税額④

  B欄　付表2－(2)⑳B欄から転記します。今回は2,978円です。

  C欄　付表2－(2)⑳C欄から転記します。今回は660,292円です。

  D欄　B欄＋C欄＝663,270円

- 返還等対価に係る税額⑤

  該当ありません。

- 貸倒れに係る税額⑥

  該当ありません。

- 控除税額小計⑦

  B欄　④B＋⑤B＋⑥B＝2,978円

  C欄　④C＋⑤C＋⑥C＝660,292円

  D欄　B欄＋C欄＝663,270円

・控除不足還付税額⑧

　該当ありません。

・差引税額⑨

　B欄　②B+③B-⑦B=1,022円
　C欄　②C+③C-⑦C=95,708円
　D欄　B欄+C欄=96,730円

・合計差引税額⑩

　D欄　⑨D-⑧D=96,730円

・地方消費税の課税標準となる消費税額　控除不足還付税額⑪

　該当ありません。

・地方消費税の課税標準となる消費税額　差引税額⑫

　B欄　⑨B　1,022円
　C欄　⑨C　95,708円
　D欄　B欄+C欄=96,730円

・合計差引地方消費税の課税標準となる消費税額⑬

　D欄　⑫D-⑪D=96,730円

・譲渡割額　還付額⑭

　該当ありません。

・譲渡割額　納税額⑮

　B欄　⑫B×$\frac{25}{100}$=255円

　C欄　⑫C×$\frac{17}{63}$=25,825円

　D欄　B欄+C欄=26,080円

・合計差引譲渡割額⑯

　D欄　⑮D-⑭D=26,080円

3　申告書の作成

付表1、付表2-(2)から申告書へ次の項目を転記します。

申告書の項目		記載する内容
課税標準額		① 付表1の①Ｄ欄
消費税額		② 付表1の②Ｄ欄
控除過大調整税額		③ 付表1の③Ｄ欄
控除税額	控除対象仕入税額	④ 付表1の④Ｄ欄
	返還等対価に係る税額	⑤ 付表1の⑤Ｄ欄
	貸倒れに係る税額	⑥ 付表1の⑥Ｄ欄
	控除税額小計	⑦ 付表1の⑦Ｄ欄
控除不足還付税額		⑧ 付表1の⑩Ｄ欄（付表1の⑩Ｄがマイナスの場合）
差引税額（百円未満切捨て）		⑨ 付表1の⑩Ｄ欄（付表1の⑩Ｄがプラスの場合）
中間納付税額		⑩ 中間納付税額の合計を記載
納付税額		⑪ ⑨－⑩を計算
中間納付還付税額		⑫ ⑨－⑩がマイナスの場合に記載
この申告書が修正申告である場合	既確定税額	⑬
	差引納付税額	⑭
課税売上割合	課税資産の譲渡等の対価の額	⑮ 付表2-(2)の④Ｄ欄
	資産の譲渡等の対価の額	⑯ 付表2-(2)の⑦Ｄ欄
地方消費税の課税標準となる消費税額	控除不足還付税額	⑰ 付表1の⑬Ｄ欄（付表1の⑬Ｄがマイナスの場合）
	差引税額	⑱ 付表1の⑬Ｄ欄（付表1の⑬Ｄがプラスの場合）
譲渡割額	還付額	⑲ 付表1の⑯Ｄ欄（付表1の⑯Ｄがマイナスの場合）
	納税額	⑳ 付表1の⑯Ｄ欄（付表1の⑯Ｄがプラスの場合）
中間納付譲渡割額		㉑ 中間納付譲渡割額の合計を記載
納付譲渡割額		㉒ ⑳－㉑を計算
中間納付還付譲渡割額		㉓ ⑳－㉑がマイナスの場合に記載
この申告書が修正申告である場合	既確定税額	㉔
	差引納付税額	㉕
消費税及び地方消費税の合計（納付又は還付）税額		㉖ 申告書⑪＋㉒（還付の場合は、⑫＋㉓）

第27-(1)号様式

平成27年○月○日　税務署長殿

GK0302

納税地　（電話番号　－　－　）
（フリガナ）シャカイフクシホウジン ウチダカイ
名称又は屋号　社会福祉法人　内田会
（フリガナ）ウチダ マリオ
代表者氏名又は氏名　内田 真理男　㊞
経理担当者氏名　木村 温子

自 平成 26年 4月 1日
至 平成 27年 3月31日

課税期間分の消費税及び地方消費税の（ 確定 ）申告書

中間申告の場合の対象期間　自 平成　年　月　日　至 平成　年　月　日

この申告書による消費税の税額の計算

課税標準額	①	121,100,000	03
消費税額	②	760,000	06
控除過大調整税額	③		07
控除対象仕入税額	④	663,270	08
返還等対価に係る税額	⑤		09
貸倒れに係る税額	⑥		10
控除税額小計（④+⑤+⑥）	⑦	663,270	11
控除不足還付税額（⑦-②-③）	⑧		13
差引税額（②+③-⑦）	⑨	96,700	15
中間納付税額	⑩	18,000	16
納付税額（⑨-⑩）	⑪	78,700	17
中間納付還付税額（⑩-⑨）	⑫	00	18
この申告書が修正申告である場合 既確定税額	⑬		19
差引納付税額	⑭	00	20
課税売上割合 課税資産の譲渡等の対価の額	⑮	121,000,000	21
資産の譲渡等の対価の額	⑯	801,000,000	22

この申告書による地方消費税の税額の計算

地方消費税の課税標準となる消費税額 控除不足還付税額	⑰		51
差引税額	⑱	96,700	52
譲渡割額 還付額	⑲		53
納税額	⑳	26,000	54
中間納付譲渡割額	㉑	4,500	55
納付譲渡割額（⑳-㉑）	㉒	21,500	56
中間納付還付譲渡割額（㉑-⑳）	㉓	00	57
この申告書が修正申告である場合 既確定譲渡割額	㉔		58
差引納付譲渡割額	㉕	00	59
消費税及び地方消費税の合計（納付又は還付）税額	㉖	100,200	60

㉖=（⑪+㉒）-（⑧+⑫+⑲+㉓）・修正申告の場合㉖=⑭+㉕
㉖が還付税額となる場合はマイナス「－」を付してください。

付記事項・参考事項

割賦基準の適用	有 ○無	31
延払基準等の適用	有 ○無	32
工事進行基準の適用	有 ○無	33
現金主義会計の適用	有 ○無	34
課税標準額に対する消費税額の計算の特例の適用	有 ○無	35

控除税額の計算の方法：
- 課税売上高5億円超又は課税売上割合95%未満：○個別対応方式／一括比例配分方式　41
- 上記以外：全額控除

基準期間の課税売上高　10,800,000円

①及び②の内訳

区分	課税標準額	消費税額
3％分	千円	円
4％分	100 千円	4,000
6.3％分	12,000 千円	756,000

⑫又は⑱の内訳　地方消費税の課税標準となる消費税額

区分		
4％分		1,022 円
6.3％分		95,708 円

還付を受けようとする金融機関等：
銀行・本店・支店
金庫・組合・出張所
農協・漁協・本所・支所
預金　口座番号
ゆうちょ銀行の貯金記号番号
郵便局名等

※税務署整理欄

税理士署名押印　㊞
（電話番号　－　－　）

○ 税理士法第30条の書面提出有
○ 税理士法第33条の2の書面提出有

第3章 設例による消費税申告書の書き方

第28-(4)号様式

付表1　旧・新税率別、消費税額計算表
　　　　兼地方消費税の課税標準となる消費税額計算表　　〔経過措置対象課税資産の譲渡等を含む課税期間用〕　〔一般〕

課税期間	26・4・1 ~ 27・3・31	氏名又は名称	社会福祉法人　内田会

区分	税率3%適用分 A	税率4%適用分 B	税率6.3%適用分 C	合計 D (A+B+C)
課税標準額 ①	000 円	100,000 円	12,000,000 円	12,100,000 円
消費税額 ②		4,000	756,000	760,000
控除過大調整税額 ③				
控除 控除対象仕入税額 ④		2,978	660,292	663,270
税 返還等対価に係る税額 ⑤				
額 貸倒れに係る税額 ⑥				
控除税額小計 (④+⑤+⑥) ⑦		2,978	660,292	663,270
控除不足還付税額 (⑦-②-③) ⑧				
差引税額 (②+③-⑦) ⑨		1,022	95,708	96,730
合計差引税額 (⑨-⑧) ⑩				96,730
地方消費税の課税標準となる消費税額 控除不足還付税額 ⑪				
差引税額 ⑫		1,022	95,708	96,730
合計差引地方消費税の課税標準となる消費税額 (⑫-⑪) ⑬				96,730
譲渡割額 還付額 ⑭				
納税額 ⑮		255	25,825	26,080
合計差引譲渡割額 (⑮-⑭) ⑯				26,080

183

第28-(5)号様式

付表2-(2) 課税売上割合・控除対象仕入税額等の計算表
〔経過措置対象課税資産の譲渡等を含む課税期間用〕

一般

| 課税期間 | 26・4・1～27・3・31 | 氏名又は名称 | 社会福祉法人　内田会 |

項　目		税率3%適用分 A	税率4%適用分 B	税率6.3%適用分 C	合計 D (A+B+C)
課税売上額（税抜き）	①	円	100,000 円	12,000,000 円	12,100,000 円
免税売上額	②				
非課税資産の輸出等の金額、海外支店等へ移送した資産の価額	③				
課税資産の譲渡等の対価の額（①+②+③）	④				※申告書の⑮欄へ 12,100,000
課税資産の譲渡等の対価の額（④の金額）	⑤				12,100,000
非課税売上額	⑥				68,000,000
資産の譲渡等の対価の額（⑤+⑥）	⑦				※申告書の⑯欄へ 80,100,000
課税売上割合（④／⑦）					〔15.10%〕※端数切捨て
課税仕入れに係る支払対価の額（税込み）	⑧		84,000	25,920,000	26,004,000
課税仕入れに係る消費税額	⑨		(⑧A欄×3/103)	(⑧B欄×4/105) 3,200	(⑧C欄×6.3/108) 1,512,000	1,515,200
課税貨物に係る消費税額	⑩				
納税義務の免除を受けない（受ける）こととなった場合における消費税額の調整（加算又は減算）額	⑪				
課税仕入れ等の税額の合計額（⑨+⑩±⑪）	⑫		3,200	1,512,000	1,515,200
課税売上高が5億円以下、かつ、課税売上割合が95%以上の場合（⑫の金額）	⑬				
課税売上高5億円超又は課税売上割合が95%未満の場合 個別対応方式 ⑫のうち、課税売上げにのみ要するもの	⑭		3,200	567,000	570,200
⑫のうち、課税売上げと非課税売上げに共通して要するもの	⑮			945,000	945,000
個別対応方式により控除する課税仕入れ等の税額〔⑭+(⑮×④／⑦)〕	⑯		3,200	709,752	712,952
一括比例配分方式により控除する課税仕入れ等の税額（⑫×④／⑦）	⑰				
控除税額調整 課税売上割合変動時の調整対象固定資産に係る消費税額の調整（加算又は減算）額	⑱				
調整対象固定資産を課税業務用（非課税業務用）に転用した場合の調整（加算又は減算）額	⑲				
差引 控除対象仕入税額〔(⑬、⑯又は⑰の金額)±⑱±⑲〕がプラスの時	⑳	※付表1の④A欄へ	※付表1の④B欄へ 2,978	※付表1の④C欄へ 660,292	663,270
控除過大調整税額〔(⑬、⑯又は⑰の金額)±⑱±⑲〕がマイナスの時	㉑	※付表1の③A欄へ	※付表1の③B欄へ	※付表1の③C欄へ	
貸倒回収に係る消費税額	㉒	※付表1の③A欄へ	※付表1の③B欄へ	※付表1の③C欄へ	

注意　金額の計算においては、1円未満の端数を切り捨てる。

ケース4　簡易課税

1　決算額を消費税のルールに従って区分する

・課税期間の状況

【収入】

(税込・単位：円)

| | 決算額 | 課税売上げ（第2種） || 非課税売上げ | 不課税売上げ |||
| | | 4% | 6.3% | | 特定収入 || 特定収入以外 |
					使途特定	使途不特定	
物販収入	13,065,000	105,000	12,960,000				
介護保険事業収入	67,850,000			67,850,000			
寄附金収入	8,000,000					6,000,000	2,000,000
受取利息	150,000			150,000			
売上対価の返還等							
合計	89,065,000	105,000	12,960,000	68,000,000		6,000,000	2,000,000

※簡易課税の場合、特定収入割合による調整計算は不要です。

【支出】

　簡易課税の計算上、支出額は考慮しませんので省略します。

【中間納付】

・中間納付消費税額　　　　　　　18,000円
・中間納付地方消費税額　　　　　 4,500円

2　付表の作成

　申告書へ記入する額は、付表へ記載した額が基礎となります。

【付表4の作成】

・課税標準額①

　B欄　$105,000円 \times \dfrac{100}{105} = 100,000円$

C欄　$12,960,000円 \times \dfrac{100}{108} = 12,000,000円$

D欄　B欄＋C欄＝12,100,000円

・消費税額②

　B欄　100,000円×4％＝4,000円

　C欄　12,000,000円×6.3％＝756,000円

　D欄　B欄＋C欄＝760,000円

・貸倒回収に係る消費税額③

　前課税期間までに貸倒処理した売掛金等の債権を回収した場合に、その回収額に含まれる消費税を記載します。

　今回は該当ありません。

・控除税額　控除対象仕入税額④

　付表5－(2)の⑤欄を転記します。

　B欄　3,200円

　C欄　604,800円

　D欄　608,000円

・控除税額　返還等対価に係る税額⑤

　課税売上げに係る対価の返還等の計上がある場合に、その金額に含まれる税額を記載します。

　今回は該当ありません。

・控除税額　貸倒れに係る税額⑥

　課税売上げに係る売掛金や未収金等について貸倒れがあった場合は、その金額に含まれる税額を記載します。

　今回は該当ありません。

・控除税額　控除税額小計⑦

　B欄　3,200円

　C欄　604,800円

　D欄　608,000円

・控除不足還付税額⑧

　⑨の計算結果がマイナスとなる場合に、その額を記載します。

・差引税額⑨

　B欄　②B+③B-⑦B=800円

　C欄　②C+③C-⑦C=151,200円

　D欄　B欄+C欄=152,000円

・合計差引税額⑩

　D欄　⑨D-⑧D=152,000円

・地方消費税の課税標準となる消費税額　控除不足還付税額⑪

　今回は該当ありません。

・地方消費税の課税標準となる消費税額　差引税額⑫

　B欄　⑨B欄の金額　800円

　C欄　⑨C欄の金額　151,200円

　D欄　B欄+C欄=152,000円

・地方消費税の課税標準となる消費税額　合計差引税額⑬

　D欄　⑫D-⑪D=152,000円

・譲渡割額　還付税額⑭

　今回は該当ありません。

・譲渡割額　納税額⑮

　B欄　⑫B欄×$\frac{25}{100}$=200円

　C欄　⑫C欄×$\frac{17}{63}$=40,800円

　D欄　B欄+C欄=41,000円

・合計差引譲渡割額⑯

　D欄　⑮D-⑭D=41,000円

【付表5－(2)の作成】
　Ⅰ　控除対象仕入税額の計算の基礎となる消費税額
・課税標準額に対する消費税額①
　　B欄　　付表4の②B欄　　4,000円
　　C欄　　付表4の②C欄　　756,000円
　　D欄　　B欄＋C欄＝760,000円

・貸倒回収に係る消費税額②
　　B欄　　付表4の③B欄　　該当ありません。
　　C欄　　付表4の③C欄　　該当ありません。
　　D欄　　B欄＋C欄　　　　該当ありません。

・売上対価の返還等に係る消費税額③
　　B欄　　付表4の⑤B欄　　該当ありません。
　　C欄　　付表4の⑤C欄　　該当ありません。
　　D欄　　B欄＋C欄　　　　該当ありません。

・控除対象仕入税額の計算の基礎となる消費税額④
　　B欄　　①B＋②B－③B＝4,000円
　　C欄　　①C＋②C－③C＝756,000円
　　D欄　　B欄＋C欄＝760,000円

　Ⅱ　1種類の事業の事業者の場合の控除対象仕入税額
・④×みなし仕入れ率（80％）⑤
　　B欄　　④B×80％＝3,200円
　　C欄　　④C×80％＝604,800円
　　D欄　　B欄＋C欄　　608,000円

3 申告書の作成

付表4、付表5−(2)から申告書へ次の項目を転記します。

申告書の項目		記載する内容
課税標準額		① 付表4の①D欄
消費税額		② 付表4の②D欄
貸倒回収に係る消費税額		③ 付表4の③D欄
控除税額	控除対象仕入税額	④ 付表4の④D欄
	返還等対価に係る税額	⑤ 付表4の⑤D欄
	貸倒れに係る税額	⑥ 付表4の⑥D欄
	控除税額小計	⑦ 付表4の⑦D欄
控除不足還付税額		⑧ 付表4の⑩D欄（付表4⑩がマイナスの場合）
差引税額（百円未満切捨て）		⑨ 付表4の⑩D欄（付表4⑩がプラスの場合）
中間納付税額		⑩ 中間納付税額の合計を記載
納付税額		⑪ ⑨−⑩を計算
中間納付還付税額		⑫ ⑨−⑩がマイナスの場合に記載
この申告書が修正申告である場合	既確定税額	⑬
	差引納付税額	⑭
この課税期間の課税売上高		⑮ 課税売上高（税抜）−課税売上に係る対価の返還等の金額（税抜）＋免税売上高げ
基準期間の課税売上高		⑯ 前々事業年度の課税売上高を税抜で記載
地方消費税の課税標準となる消費税額	控除不足還付税額	⑰ 付表4の⑬D欄（付表4⑬がマイナスの場合）
	差引税額	⑱ 付表4の⑬D欄（付表4⑬がプラスの場合）
譲渡割額	還付額	⑲ 付表4の⑯D欄（付表4⑯がマイナスの場合）
	納税額	⑳ 付表4の⑯D欄（付表4⑯がプラスの場合）
中間納付譲渡割額		㉑ 中間納付譲渡割額の合計を記載
納付譲渡割額		㉒ ⑳−㉑を計算
中間納付還付譲渡割額		㉓ ⑳−㉑がマイナスの場合に記載
この申告書が修正申告である場合	既確定税額	㉔
	差引納付税額	㉕
消費税及び地方消費税の合計（納付又は還付）税額		㉖ 申告書（⑪＋㉒）−（⑧＋⑫＋⑲＋㉓）の計算結果を記載（還付の場合は、「−」を付ける）

参考事項	事業区分	区　分	課税売上高	売上割合　%
		第1種		
		第2種	12,100	100.0
		第3種		
		第4種		
		第5種		
		計	12,100	

①及び②の内訳	区　分	課　税　標　準　額	消　費　税　額
	3 %分	千円	円
	4 %分	100千円	4,000円
	6.3%分	12,000千円	756,000円

⑰又は⑱の内訳	区　分	地方消費税の課税標準となる消費税額
	4 %分	800円
	6.3%分	151,200円

第3章 設例による消費税申告書の書き方

第27-(2)号様式

平成27年 ○月 ○日　税務署長殿

納税地　（電話番号　-　-　）

（フリガナ）シャカイフクシホウジン ウチダカイ
名称又は屋号：社会福祉法人　内田会

（フリガナ）ウチダ マリオ
代表者氏名又は氏名：内田 真理男　㊞

経理担当者氏名：木村 温子

自 平成 26年 4月 1日
至 平成 27年 3月31日

課税期間分の消費税及び地方消費税の（ 確定 ）申告書

平成二十六年四月一日以後終了課税期間分（簡易課税用）

GK0402

この申告書による消費税の税額の計算

課税標準額	①	12,100,000
消費税額	②	760,000
貸倒回収に係る消費税額	③	
控除対象仕入税額	④	608,000
返還等対価に係る税額	⑤	
貸倒れに係る税額	⑥	
控除税額小計(④+⑤+⑥)	⑦	608,000
控除不足還付税額(⑦-②-③)	⑧	
差引税額(②+③-⑦)	⑨	152,000
中間納付税額	⑩	18,000
納付税額(⑨-⑩)	⑪	134,000
中間納付還付税額(⑩-⑨)	⑫	00
既確定税額	⑬	
差引納付税額	⑭	00
この課税期間の課税売上高	⑮	12,100,000
基準期間の課税売上高	⑯	10,800,000

この申告書による地方消費税の税額の計算

控除不足還付税額	⑰	
差引税額	⑱	152,000
譲渡割額 還付額	⑲	
譲渡割額 納税額	⑳	41,000
中間納付譲渡割額	㉑	4,500
納付譲渡割額(⑳-㉑)	㉒	36,500
中間納付還付譲渡割額(㉑-⑳)	㉓	
既確定譲渡割額	㉔	
差引納付譲渡割額	㉕	00
消費税及び地方消費税の合計（納付又は還付）税額	㉖	170,500

㉖=(⑪+㉒)-(⑤+⑫+⑲+㉓)・修正申告の場合㉖=⑭+㉕
㉖が還付税額となる場合はマイナス「-」を付してください。

付記事項

割賦基準の適用	有・無 31
延払基準等の適用	有・無 32
工事進行基準の適用	有・無 33
現金主義会計の適用	有・無 34
課税標準額に対する消費税額の計算の特例の適用	有・○無 35

参考事項 事業区分

区分	課税売上高（免税売上高を除く）	売上割合%
第1種	千円	. 36
第2種	12,100	100.0 37
第3種		. 38
第4種		. 39
第5種		. 42
計	12,100	

特例計算適用（令57③）　有・○無 40

①及び②の内訳

区分	課税標準額	消費税額
3%分	千円	円
4%分	100千円	4,000円
6.3%分	12,000千円	756,000円

⑱又は㉖の内訳　地方消費税の課税標準となる消費税額

区分	
4%分	800円
6.3%分	151,200

還付を受けようとする金融機関等
銀行・金庫・組合・農協・漁協　本店・支店・出張所・本所・支所
預金　口座番号
ゆうちょ銀行の貯金記号番号
郵便局名等

※税務署整理欄

税理士署名押印　㊞　（電話番号　-　-　）

○ 税理士法第30条の書面提出有
○ 税理士法第33条の2の書面提出有

第28-(6)号様式

付表4　旧・新税率別、消費税額計算表
兼地方消費税の課税標準となる消費税額計算表

（経過措置対象課税資産の譲渡等を含む課税期間用）　簡易

| 課税期間 | 26・4・1～27・3・31 | 氏名又は名称 | 社会福祉法人　内田会 |

区　分		税率3％適用分 A	税率4％適用分 B	税率6.3％適用分 C	合　計　D (A+B+C)
課税標準額	①	000 円	100,000 円	12,000,000 円	※申告書の①欄へ　12,100,000 円
消費税額	②		4,000	756,000	760,000
貸倒回収に係る消費税額	③				
控除税額	控除対象仕入税額	④	3,200	604,800	608,000
	返還等対価に係る税額	⑤			
	貸倒れに係る税額	⑥			
	控除税額小計 (④+⑤+⑥)	⑦	3,200	604,800	608,000
控除不足還付税額 (⑦-②-③)	⑧				
差引税額 (②+③-⑦)	⑨		800	151,200	152,000
合計差引税額 (⑨-⑧)	⑩				152,000
地方消費税の課税標準となる消費税額	控除不足還付税額	⑪			
	差引税額	⑫		800	151,200	152,000
	合計差引税額 (⑫-⑪)	⑬				152,000
譲渡割額	還付税額	⑭			
	納税額	⑮		200	40,800	41,000
	合計差引譲渡割額 (⑮-⑭)	⑯				41,000

第28-(7)号様式

付表5-(2) 控除対象仕入税額等の計算表〔経過措置対象課税資産の譲渡等を含む課税期間用〕 簡易

| 課税期間 | 26・4・1～27・3・31 | 氏名又は名称 | 社会福祉法人　内田会 |

Ⅰ　控除対象仕入税額の計算の基礎となる消費税額

項　目		税率3％適用分 A	税率4％適用分 B	税率6.3％適用分 C	合　計　D (A＋B＋C)
課税標準額に対する消費税額	①	(付表4の②A欄)　円	(付表4の②B欄)　円 4,000	(付表4の②C欄)　円 756,000	(付表4の②D欄)　円 760,000
貸倒回収に係る消費税額	②	(付表4の③A欄)	(付表4の③B欄)	(付表4の③C欄)	(付表4の③D欄)
売上対価の返還等に係る消費税額	③	(付表4の⑤A欄)	(付表4の⑤B欄)	(付表4の⑤C欄)	(付表4の⑤D欄)
控除対象仕入税額の計算の基礎となる消費税額 (①＋②－③)	④		4,000	756,000	760,000

Ⅱ　1種類の事業の専業者の場合の控除対象仕入税額

項　目		税率3％適用分 A	税率4％適用分 B	税率6.3％適用分 C	合　計　D (A＋B＋C)
④×みなし仕入率 (90%・80%・70%・60%・50%)	⑤	※付表4の④A欄へ　円	※付表4の④B欄へ　円 3,200	※付表4の④C欄へ　円 604,800	※付表4の④D欄へ　円 608,000

Ⅲ　2種類以上の事業を営む事業者の場合の控除対象仕入税額

(1) 事業区分別の課税売上高(税抜き)の明細

項　目		税率3％適用分 A	税率4％適用分 B	税率6.3％適用分 C	合　計　D (A＋B＋C)	売上割合
事業区分別の合計額	⑥	円	円	円	※申告書「事業区分」欄へ　円	
第一種事業 (卸売業)	⑦				※ 〃	％
第二種事業 (小売業)	⑧				※ 〃	
第三種事業 (製造業等)	⑨				※ 〃	
第四種事業 (その他)	⑩				※ 〃	
第五種事業 (サービス業等)	⑪				※ 〃	

(2) (1)の事業区分別の課税売上高に係る消費税額の明細

項　目		税率3％適用分 A	税率4％適用分 B	税率6.3％適用分 C	合　計　D (A＋B＋C)
事業区分別の合計額	⑫	円	円	円	円
第一種事業 (卸売業)	⑬				
第二種事業 (小売業)	⑭				
第三種事業 (製造業等)	⑮				
第四種事業 (その他)	⑯				
第五種事業 (サービス業等)	⑰				

注意　1　金額の計算においては、1円未満の端数を切り捨てる。
　　　2　課税売上げにつき返品を受け又は値引き・割戻しをした金額（売上対価の返還等の金額）があり、売上（収入）金額から減算しない方法で経理して含めている場合には、⑥から⑪の欄には売上対価の返還等の金額（税抜き）を控除した後の金額を記入する。

(1／2)

(3) 控除対象仕入税額の計算式区分の明細

イ 原則計算を適用する場合

控除対象仕入税額の計算式区分		税率3％適用分 A	税率4％適用分 B	税率6.3％適用分 C	合　計　D (A+B+C)
④×みなし仕入率 $\frac{⑬×90\%+⑭×80\%+⑮×70\%+⑯×60\%+⑰×50\%}{⑫}$	⑱	円	円	円	円

ロ 特例計算を適用する場合

(イ) 1種類の事業で75％以上

控除対象仕入税額の計算式区分		税率3％適用分 A	税率4％適用分 B	税率6.3％適用分 C	合　計　D (A+B+C)
(⑦D/⑥D・⑧D/⑥D・⑨D/⑥D・⑩D/⑥D・⑪D/⑥D) ≧75％ ④×みなし仕入率（90％・80％・70％・60％・50％）	⑲	円	円	円	円

(ロ) 2種類の事業で75％以上

控除対象仕入税額の計算式区分			税率3％適用分 A	税率4％適用分 B	税率6.3％適用分 C	合　計　D (A+B+C)
第一種及び第二種事業 (⑦D+⑧D)/⑥D≧75％	④×	$\frac{⑬×90\%+(⑫-⑬)×80\%}{⑫}$	⑳	円	円	円	円
第一種及び第三種事業 (⑦D+⑨D)/⑥D≧75％	④×	$\frac{⑬×90\%+(⑫-⑬)×70\%}{⑫}$	㉑				
第一種及び第四種事業 (⑦D+⑩D)/⑥D≧75％	④×	$\frac{⑬×90\%+(⑫-⑬)×60\%}{⑫}$	㉒				
第一種及び第五種事業 (⑦D+⑪D)/⑥D≧75％	④×	$\frac{⑬×90\%+(⑫-⑬)×50\%}{⑫}$	㉓				
第二種及び第三種事業 (⑧D+⑨D)/⑥D≧75％	④×	$\frac{⑭×80\%+(⑫-⑭)×70\%}{⑫}$	㉔				
第二種及び第四種事業 (⑧D+⑩D)/⑥D≧75％	④×	$\frac{⑭×80\%+(⑫-⑭)×60\%}{⑫}$	㉕				
第二種及び第五種事業 (⑧D+⑪D)/⑥D≧75％	④×	$\frac{⑭×80\%+(⑫-⑭)×50\%}{⑫}$	㉖				
第三種及び第四種事業 (⑨D+⑩D)/⑥D≧75％	④×	$\frac{⑮×70\%+(⑫-⑮)×60\%}{⑫}$	㉗				
第三種及び第五種事業 (⑨D+⑪D)/⑥D≧75％	④×	$\frac{⑮×70\%+(⑫-⑮)×50\%}{⑫}$	㉘				
第四種及び第五種事業 (⑩D+⑪D)/⑥D≧75％	④×	$\frac{⑯×60\%+(⑫-⑯)×50\%}{⑫}$	㉙				

ハ 上記の計算式区分から選択した控除対象仕入税額

項目		税率3％適用分 A	税率4％適用分 B	税率6.3％適用分 C	合　計　D (A+B+C)
選択可能な計算式区分（⑱～㉙）の内から選択した金額	㉚	※付表4の④A欄へ　円	※付表4の④B欄へ　円	※付表4の④C欄へ　円	※付表4の④D欄へ　円

注意　金額の計算においては、1円未満の端数を切り捨てる。

（参考）消費税率引上げに伴う主な経過措置の概要

　平成26年４月１日から適用される税率引上げに伴う主な経過措置は次に掲げるものであり、これらについては８％への税率引上げ後においても改正前の税率（５％）が適用されます。

① 　旅客運賃等

　平成26年４月１日以後に行う旅客運送の対価や映画・演劇を催す場所、競馬場、競輪場、美術館、遊園地等への入場料金等のうち、平成26年４月１日前に領収しているもの

② 　電気料金等

　継続供給契約に基づき、平成26年４月１日前から継続して供給している電気、ガス、水道、電話に係る料金等で、平成26年４月１日から平成26年４月30日までの間に料金の支払いを受ける権利が確定するもの

③ 　請負工事等

　平成８年10月１日から平成25年９月30日までの間に締結した工事（製造を含みます。）に係る請負契約（一定の要件に該当する測量、設計及びソフトウエアの開発等に係る請負契約を含みます。）に基づき、平成26年４月１日以後に課税資産の譲渡等を行う場合における、当該課税資産の譲渡等

④ 　資産の貸付け

　平成８年10月１日から平成25年９月30日までの間に締結した資産の貸付けに係る契約に基づき、平成26年４月１日前から同日以後引き続き貸付けを行っている場合（一定の要件に該当するものに限ります。）における、平成26年４月１日以後行う当該資産の貸付け

⑤ 　指定役務の提供

　平成８年10月１日から平成25年９月30日までの間に締結した役務の提供に係る契約で当該契約の性質上役務の提供の時期をあらかじめ定めることができないもので、当該役務の提供に先立って対価の全部又は一部が分割で支払われる契約（割賦販売法に規定する前払式特定取引に係る契約のうち、指定役務の提供（※）に係るものをいいます。）に基づき、平成26年４月１日以後に当該役務の提供を行う場合において、当該契約の内容が一定の要件に該当する役務の提供

※ 　「指定役務の提供」とは、冠婚葬祭のための施設の提供その他の便宜の提供に係る役務の提供をいいます。

⑥ 　予約販売に係る書籍等

　平成25年10月１日前に締結した不特定多数の者に対する定期継続供給契約に基づき譲渡される書籍その他の物品に係る対価を平成26年４月１日前に領収している場合で、その譲渡が平成26年４月１日以後に行われるもの

⑦　特定新聞

不特定多数の者に週、月その他の一定の期間を周期として定期的に発行される新聞で、発行者が指定する発売日が平成26年4月1日前であるもののうち、その譲渡が平成26年4月1日以後に行われるもの

⑧　通信販売

通信販売の方法により商品を販売する事業者が、平成25年10月1日前にその販売価格等の条件を提示し、又は提示する準備を完了した場合において、平成26年4月1日前に申込みを受け、提示した条件に従って平成26年4月1日以後に行われる商品の販売

⑨　有料老人ホーム

平成8年10月1日から平成25年9月30日までの間に締結した有料老人ホームに係る終身入居契約（入居期間中の介護料金が入居一時金として支払われるなど一定の要件を満たすものに限ります。）に基づき、平成26年4月1日前から同日以後引き続き介護に係る役務の提供を行っている場合における、平成26年4月1日以後に行われる当該入居一時金に対応する役務の提供

上記以外にも消費税法の適用に関して所要の経過措置が設けられています。

（国税庁タックスアンサー「No.6950　社会保障と税の一体改革関係」をもとに作成）

■8％から10％への経過措置

8％から10％への税率引上げ時における経過措置（指定日：平成27年4月1日、適用日：平成27年10月1日）については、平成26年9月30日公布の「消費税法施行令の一部を改正する政令」により、上記とほぼ同様の経過措置が規定されました。前回の経過措置との主な変更点は、「電気料金に関する経過措置の対象に灯油の供給を追加すること」「家電リサイクルに関する経過措置を新設すること」です。

なお、実際に平成27年10月1日に10％へと引き上げるかどうかの判断は、経済状況等を総合的に勘案して、平成26年末までに行われることとなっていますので、ご注意ください。

● 著者紹介

辻・本郷税理士法人

平成14年4月設立。東京新宿に本部を置き、青森、八戸、秋田、盛岡、遠野、一関、仙台、新潟、上越、館林、深谷、大宮、越谷、川口、柏、吉祥寺、立川、渋谷、横浜、湘南、鴨宮、小田原、伊東、豊橋、名古屋、四日市、京都、大阪、神戸、岡山、広島、福岡、大分、沖縄に支部がある。全体のスタッフは720名（関連グループ会社を含む）。税務コンサルティング、相続、事業承継、M&A、企業再生、医療、公益法人、移転価格、国際税務など各税務分野別に専門特化したプロ集団。弁護士、不動産鑑定士、司法書士との連携により顧客の立場に立ったワンストップサービスとあらゆるニーズに応える総合力をもって業務展開している。

〒163-0631
東京都新宿区西新宿1丁目25番1号　新宿センタービル31階
電話　03-5323-3301（代）
FAX　03-5323-3302
URL　http://www.ht-tax.or.jp/

本郷　孔洋（ほんごう　よしひろ）

国内最大規模を誇る税理士法人の理事長。総勢720名のスタッフを率いる経営者。会計の専門家として会計税務に携わって30余年。各界の経営者・企業家・著名人との交流を持つ。

早稲田大学第一政経学部を卒業後、新聞記者を目指し就職試験に臨むが不合格に終わる。実学を学ぼうと同大学院商学研究科にて会計を学ぶことを決意し、公認会計士となる。

「税務から離れるな、税務にこだわるな」をモットーに、自身の強みである専門知識、執筆力、話術を活かし、税務・経営戦略などの分野で精力的に執筆活動も行う。「経営ノート2014」（東峰書房）ほか著書多数。

安積　健（あづみ　けん）
辻・本郷税理士法人　審理室　部長、税理士

飯塚　啓至（いいづか　ひろのり）
辻・本郷税理士法人　法人第1部　統括部長、税理士

内田　真理子（うちだ　まりこ）
辻・本郷税理士法人　八戸支部　課長

小笠原　降二（おがさわら　こうじ）
辻・本郷税理士法人　八戸支部　課長

木村　温子（きむら　あつこ）
辻・本郷税理士法人　八戸支部

社会福祉法人の消費税実務と申告書の書き方

2014年11月28日　発行

編著者	辻・本郷税理士法人 ⓒ
発行者	小泉　定裕
発行所	株式会社　清文社

東京都千代田区内神田1−6−6（MIFビル）
〒101−0047　電話 03（6273）7946　FAX 03（3518）0299
大阪市北区天神橋2丁目北2−6（大和南森町ビル）
〒530−0041　電話 06（6135）4050　FAX 06（6135）4059
URL http://www.skattsei.co.jp/

印刷：亜細亜印刷㈱

■著作権法により無断複写複製は禁止されています。落丁本・乱丁本はお取り替えします。
■本書の内容に関するお問い合わせは編集部までFAX（06-6135-4056）でお願いします。
＊本書の追録情報等は、当社ホームページ（http://www.skattsei.co.jp）をご覧ください。

ISBN978-4-433-52124-0

公益法人の消費税実務と申告書の書き方

辻・本郷税理士法人　編著

課否判定や特定収入の調整など公益法人特有の実務から消費税申告書作成までを丁寧に解説！

会費・補助金・寄附金などに関する課否判定や特定収入に係る仕入控除税額の特例計算など公益法人に特有の消費税実務について解説。具体的な設例による消費税申告書の書き方についても収録。5%・8%取引が混在した場合にも対応。

■B5判208頁／定価：本体 2,200円＋税

主要目次

第1章　消費税の基礎知識
- 第1節　消費税とは
- 第2節　課税対象
- 第3節　非課税
- 第4節　輸出免税等
- 第5節　納税義務者
- 第6節　課税標準と税率
- 第7節　仕入税額控除
- 第8節　課税期間、申告・納付、納税地
- 第9節　経理処理
- 第10節　地方消費税

第2章　公益法人のための消費税実務のポイント
- 第1節　公益法人の消費税の特色
- 第2節　公益法人の消費税の課否判定
- 第3節　仕入控除税額の計算の特例
- 第4節　仕入控除税額の計算の流れ
- 第5節　原則課税の場合の具体的な計算
- 第6節　簡易課税の場合の具体的な計算

第3章　設例による消費税申告書の書き方
- 序節　本章の構成
- 第1節　原則課税における計算事例
  （特定収入割合が5％を超える場合）
- 第2節　特定収入の調整割合が
  著しく変動した場合　他

第4章　参考資料

医療法人の消費税実務と申告書の書き方

辻・本郷税理士法人　編著

複雑な課否判定など医療法人特有の実務から消費税申告書作成までを丁寧に解説！

医療関連分野（医療・介護・福祉）に関する課否判定や社会医療法人に対する特定収入に係る仕入控除税額の特例計算など医療法人に特有の消費税実務について解説。具体的な設例による消費税申告書の書き方についても収録。5%・8%取引が混在した場合にも対応。

■B5判192頁／定価：本体 2,200円＋税

主要目次

第1章　消費税の基礎知識
- 第1節　消費税とは
- 第2節　課税対象
- 第3節　非課税
- 第4節　輸出免税等
- 第5節　納税義務者
- 第6節　課税標準と税率
- 第7節　仕入税額控除
- 第8節　課税期間、申告・納付、納税地
- 第9節　経理処理
- 第10節　地方消費税

第2章　医療法人のための消費税実務のポイント
- 第1節　総論
- 第2節　医療関連分野に関する
  消費税の課否判定表
- 第3節　消費税の課否判定Q&A
- 第4節　消費税の特例

第3章　設例による消費税申告書の書き方
- 第1節　原則課税
- 第2節　還付申告
- 第3節　簡易課税
- 第4節　社会医療法人に対する消費税の特例